Origami Animals Fun Kit For Beginners

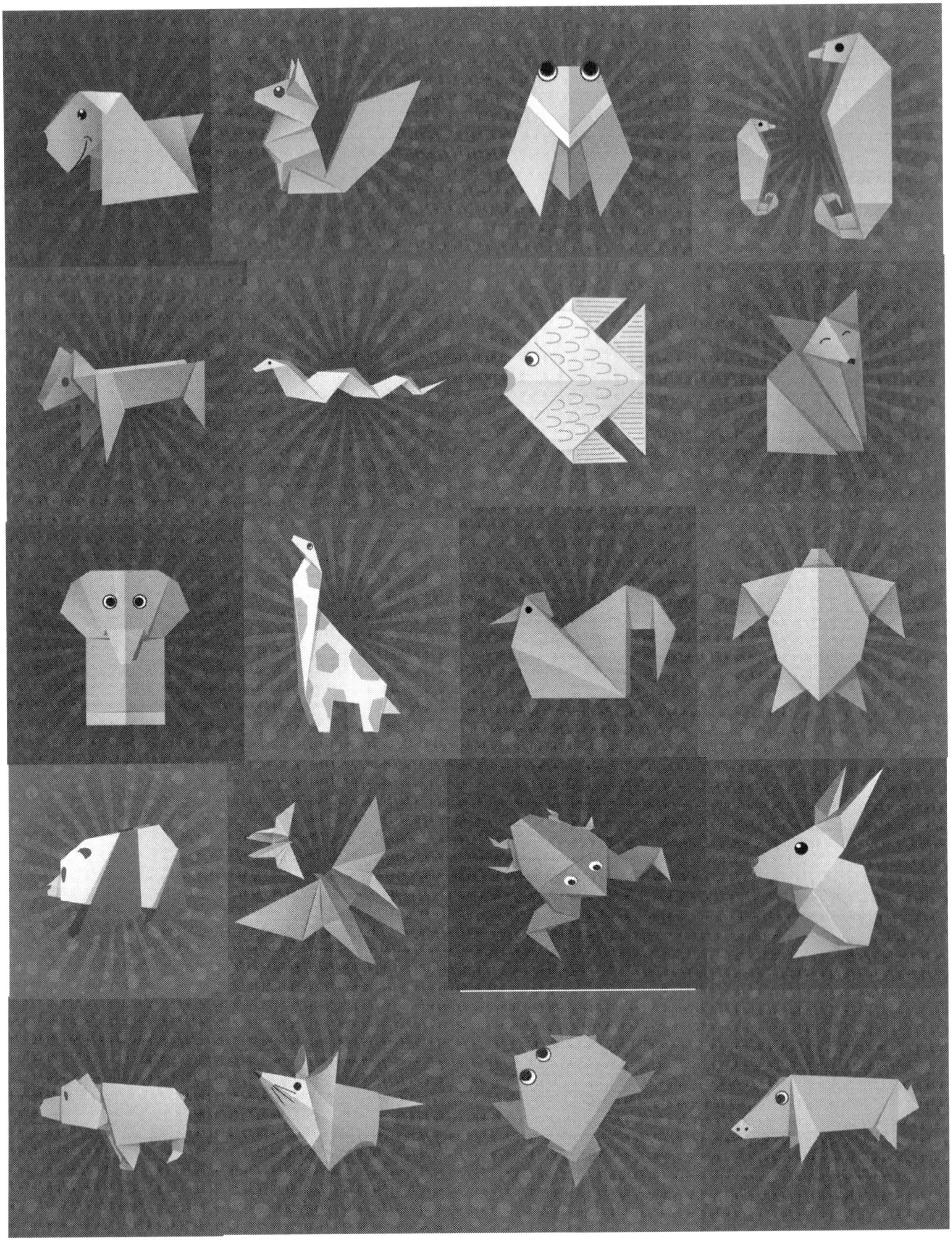

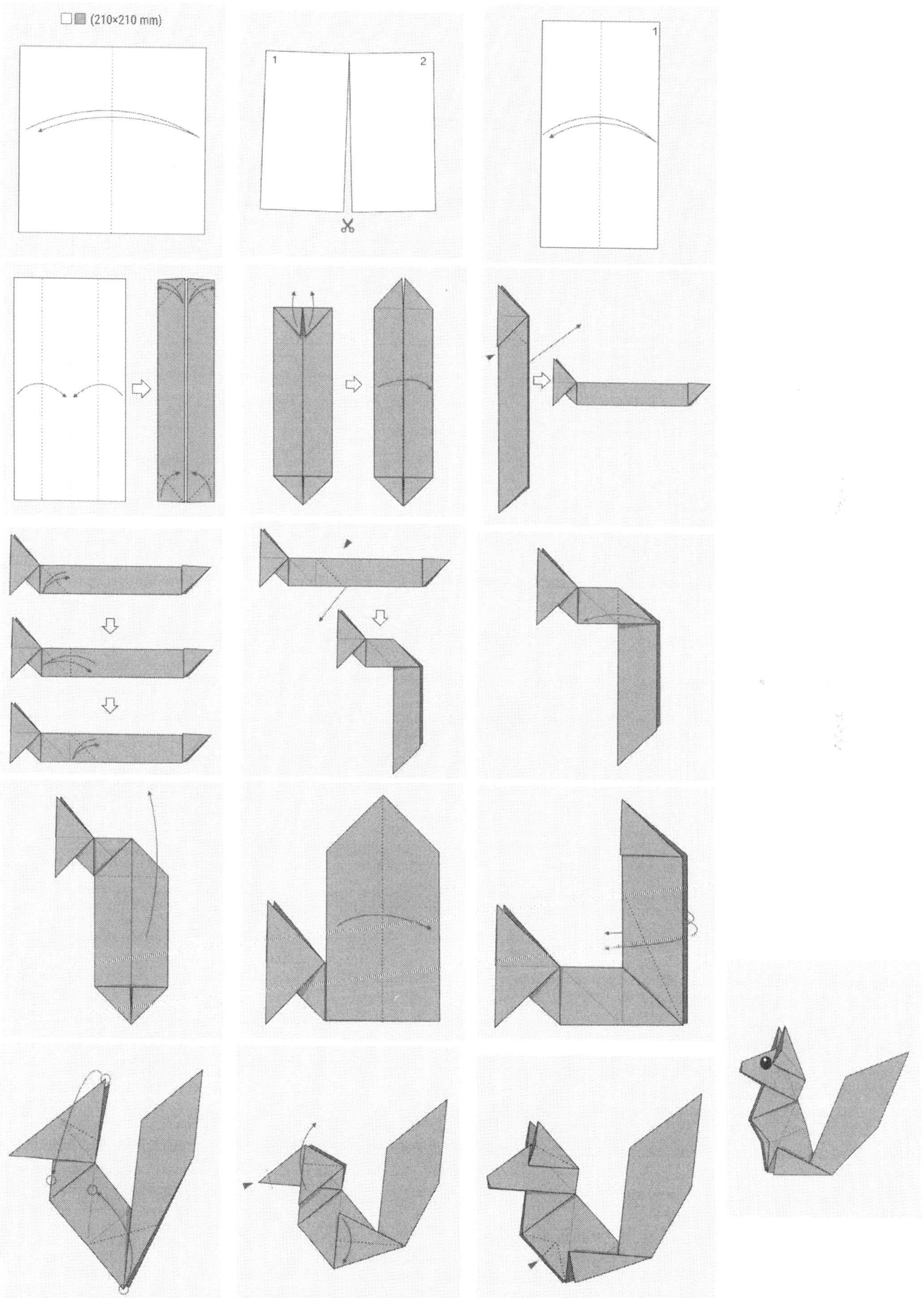
(210×210 mm)
1
2
1

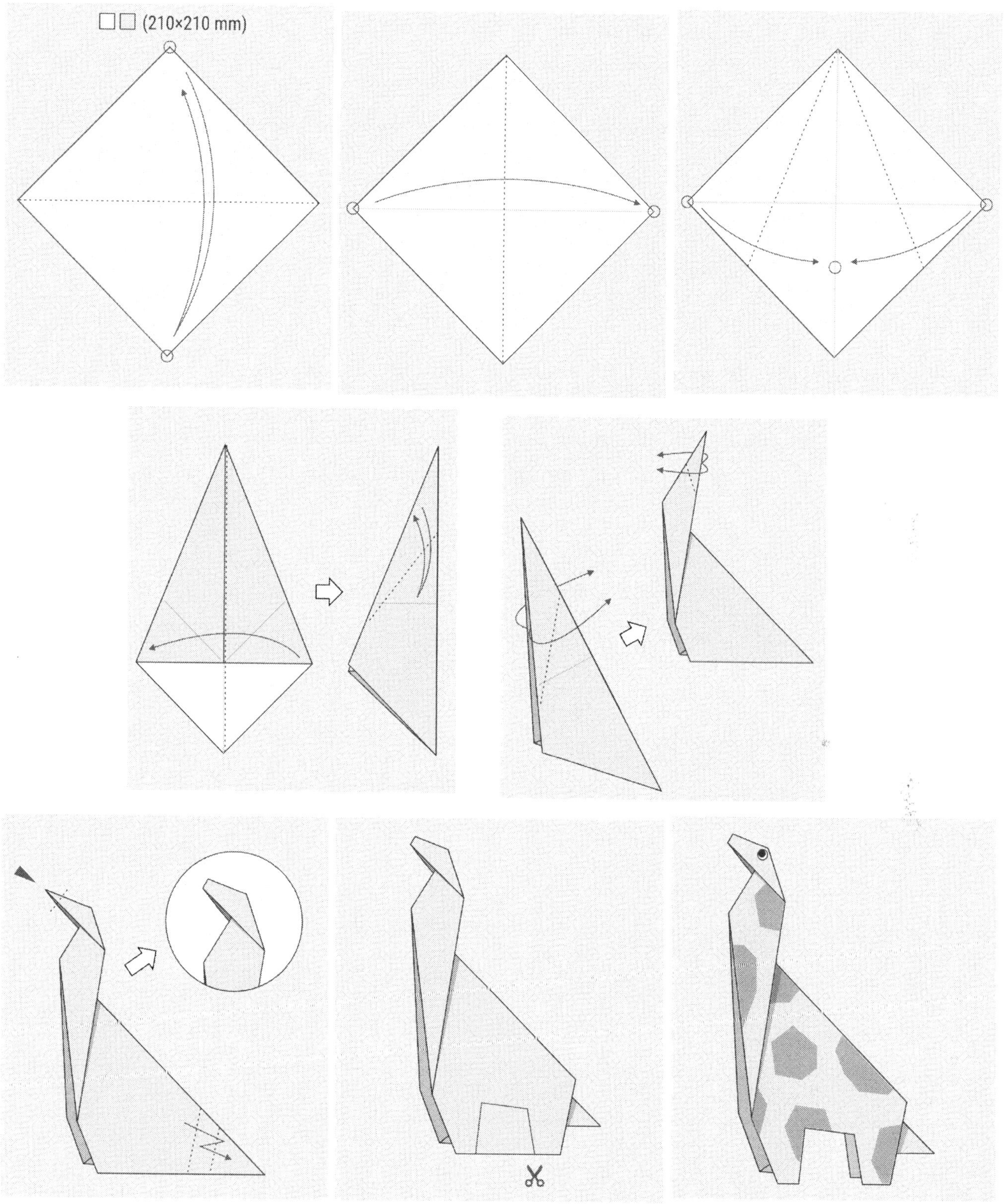
□□ (210×210 mm)

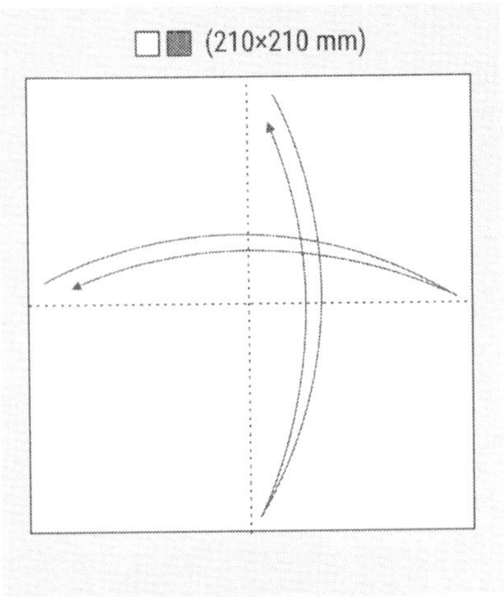
(210×210 mm)

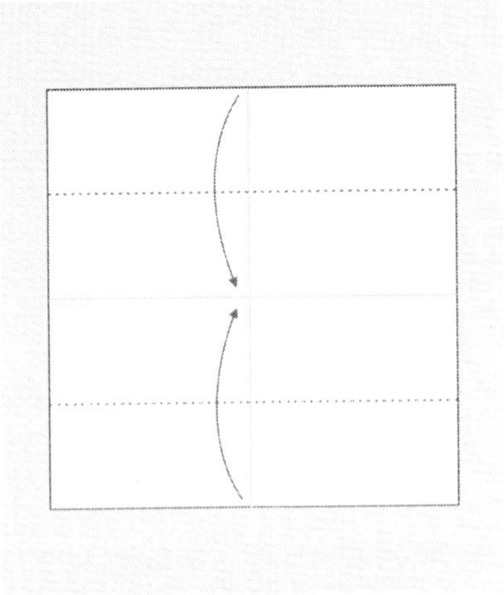

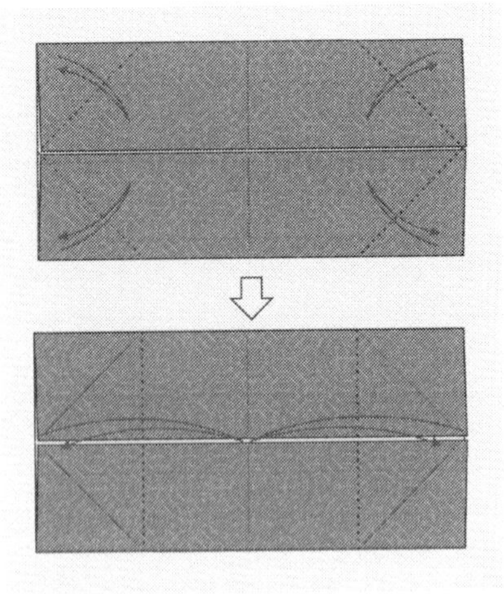

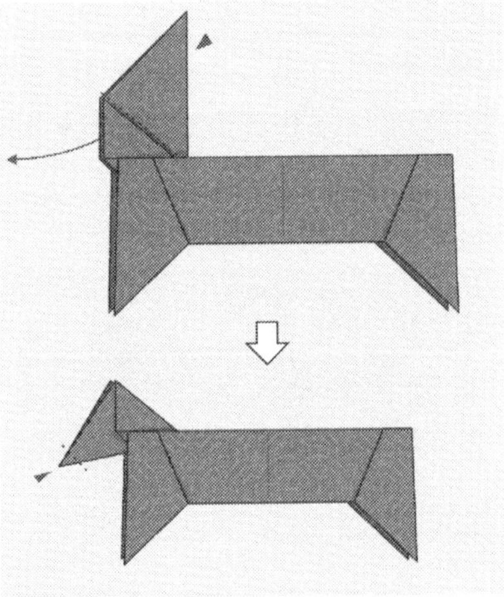

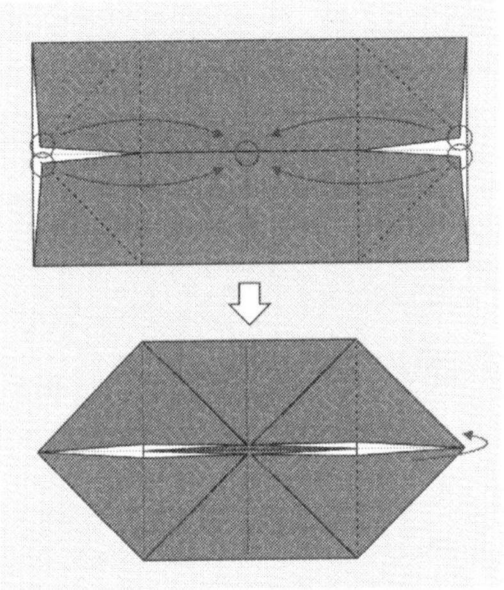

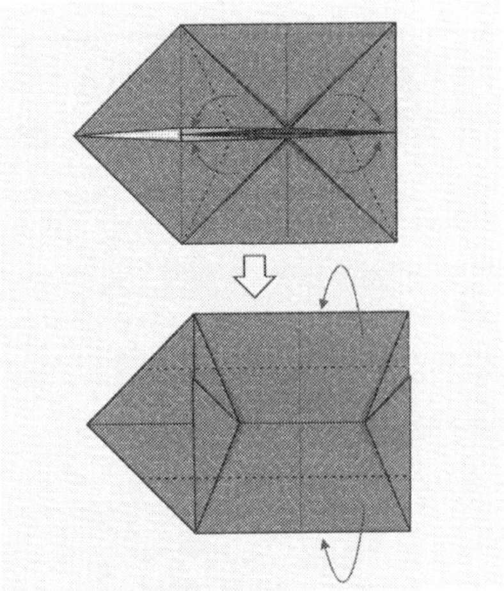

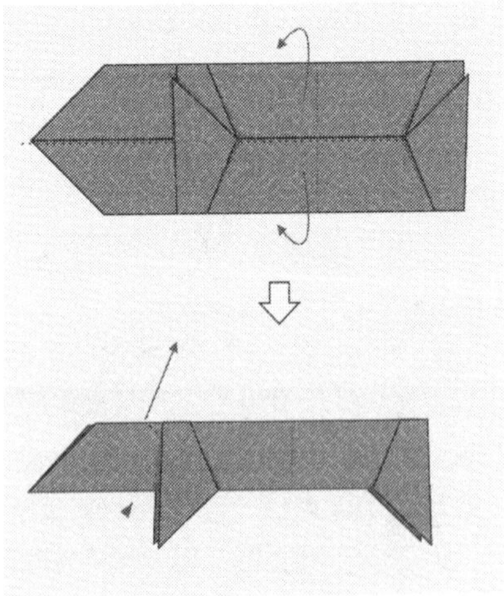

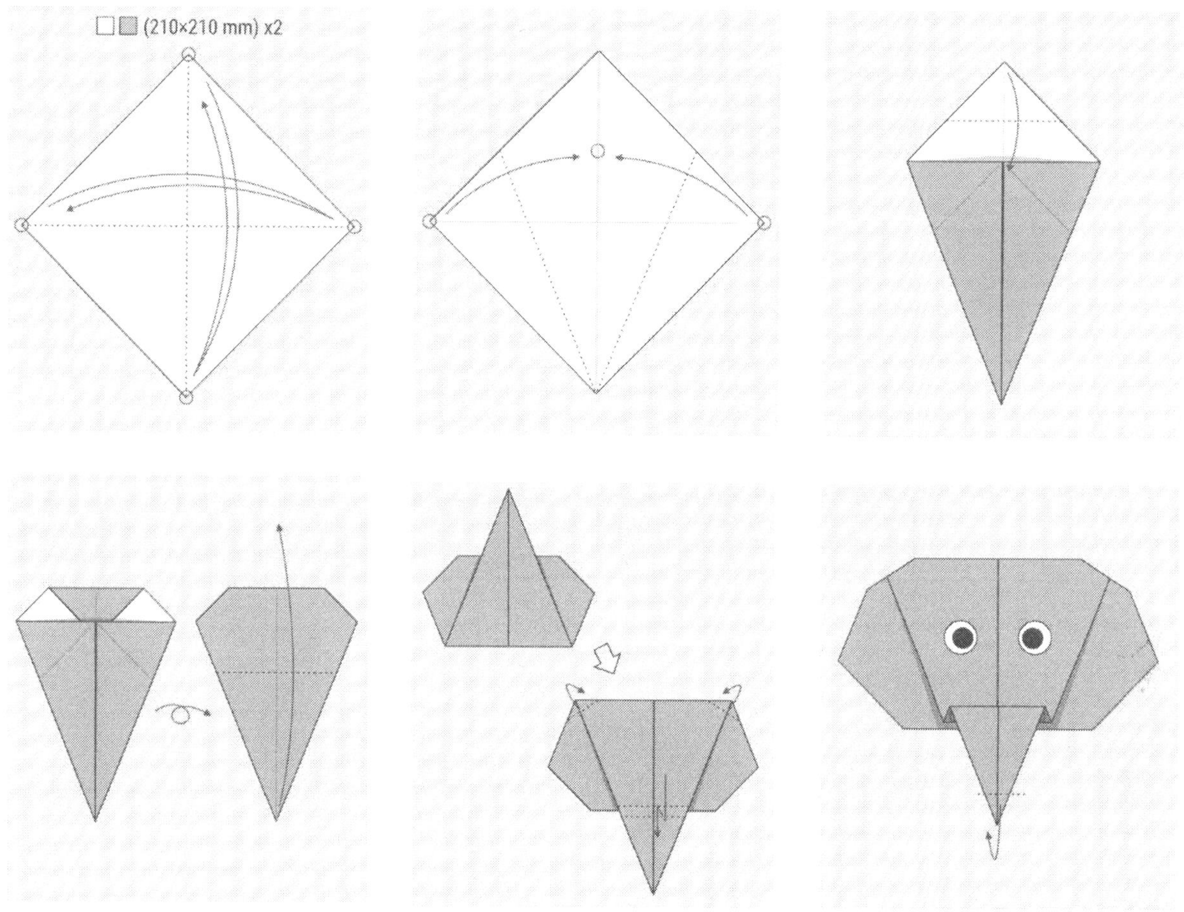
(210×210 mm) x2

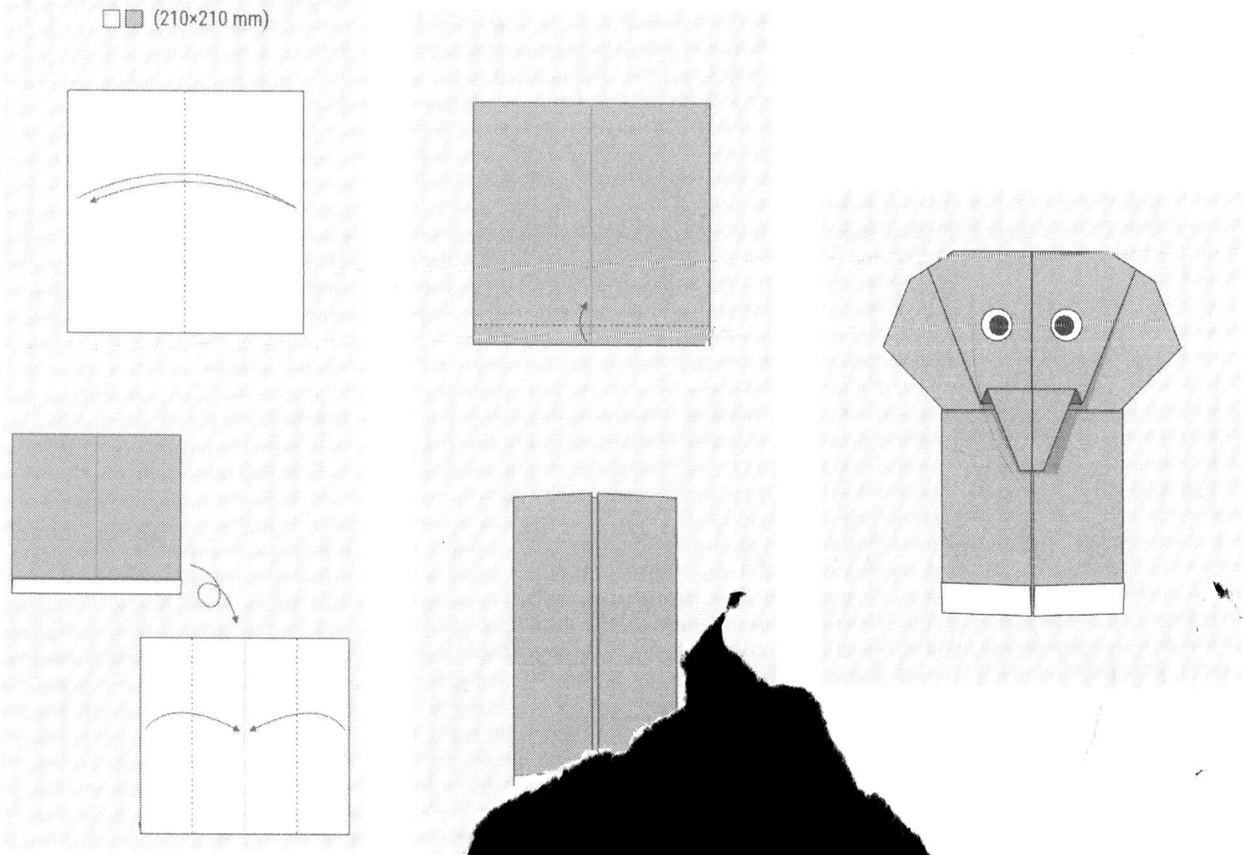
(210×210 mm)

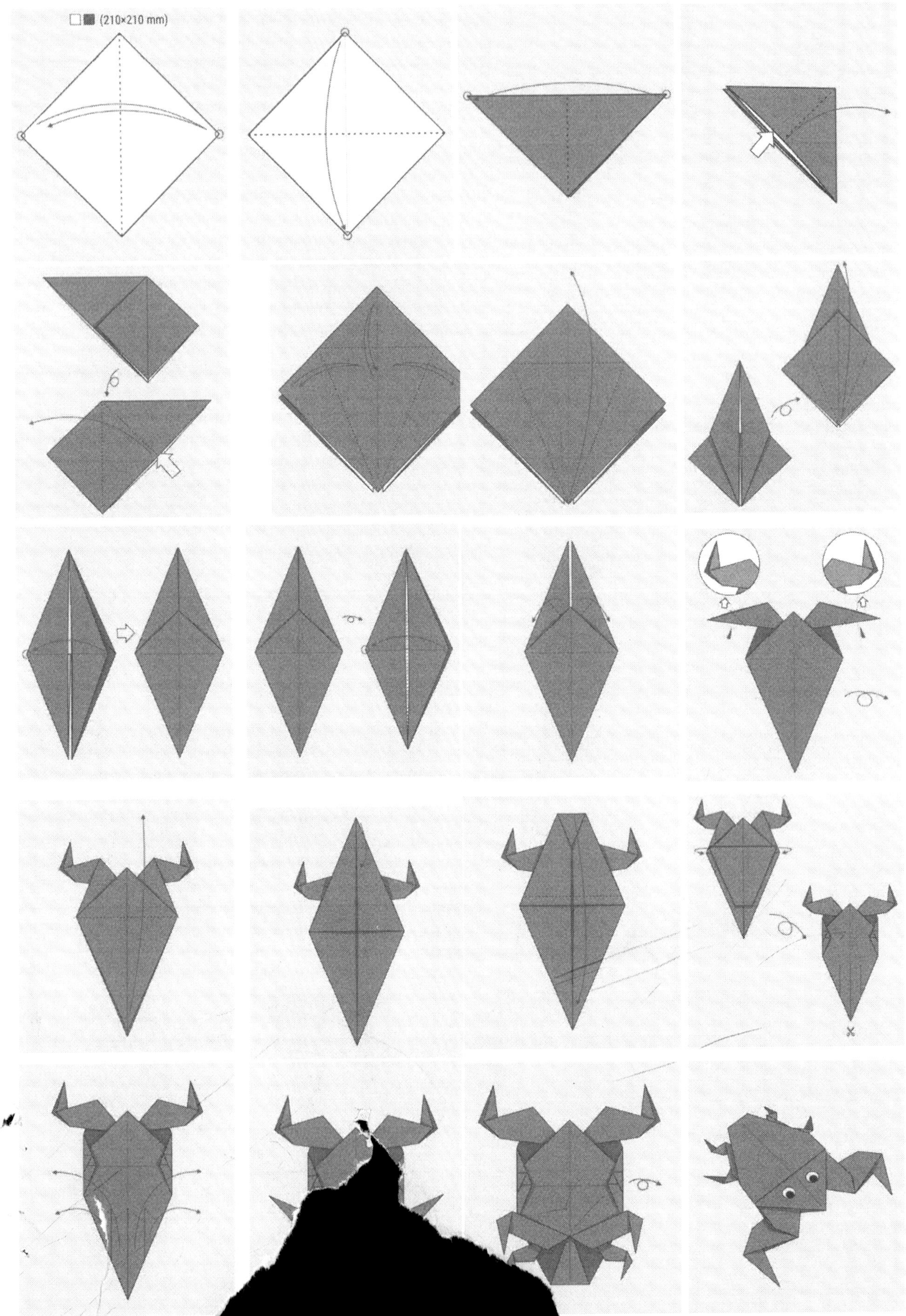
(210×210 mm)

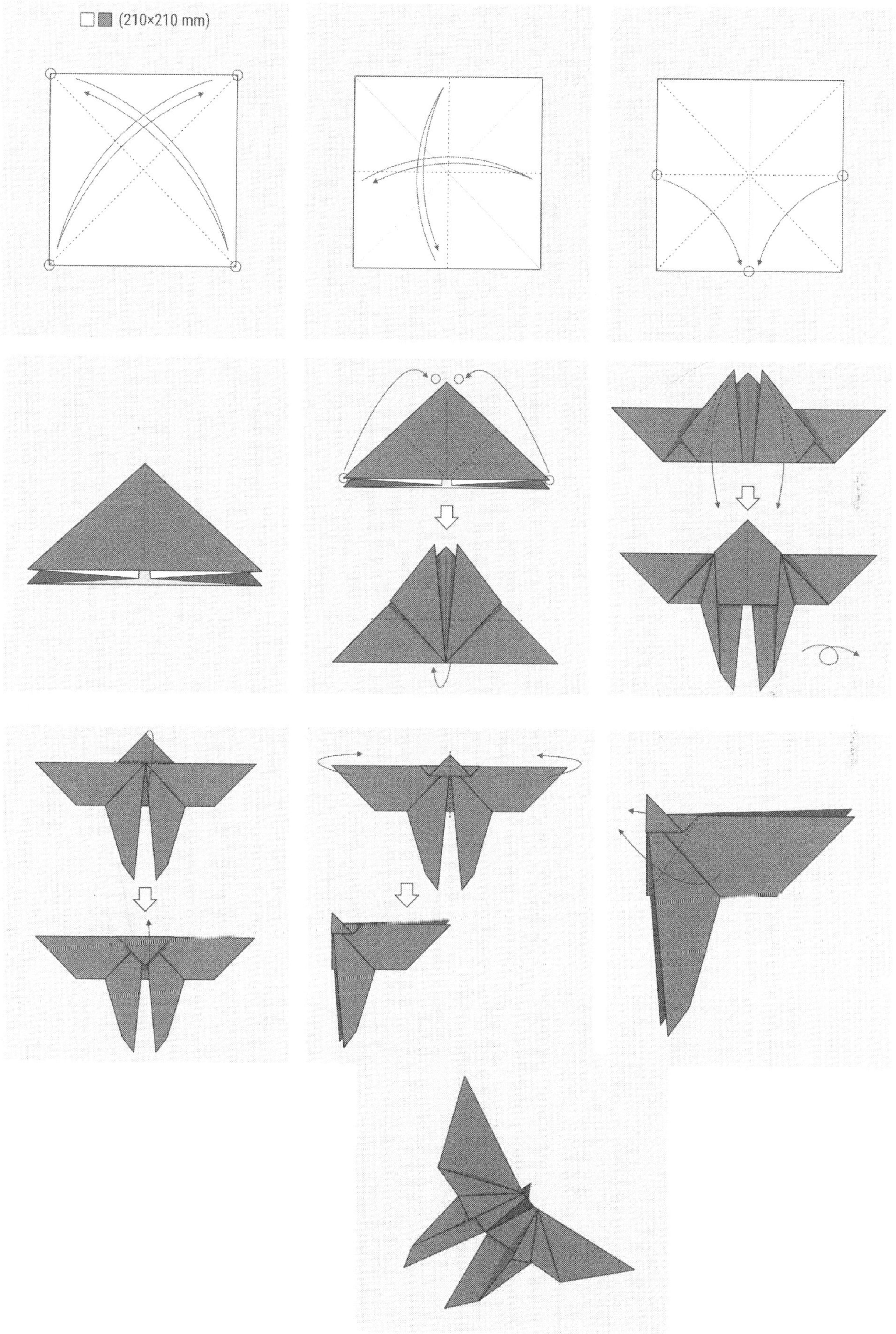
(210×210 mm)

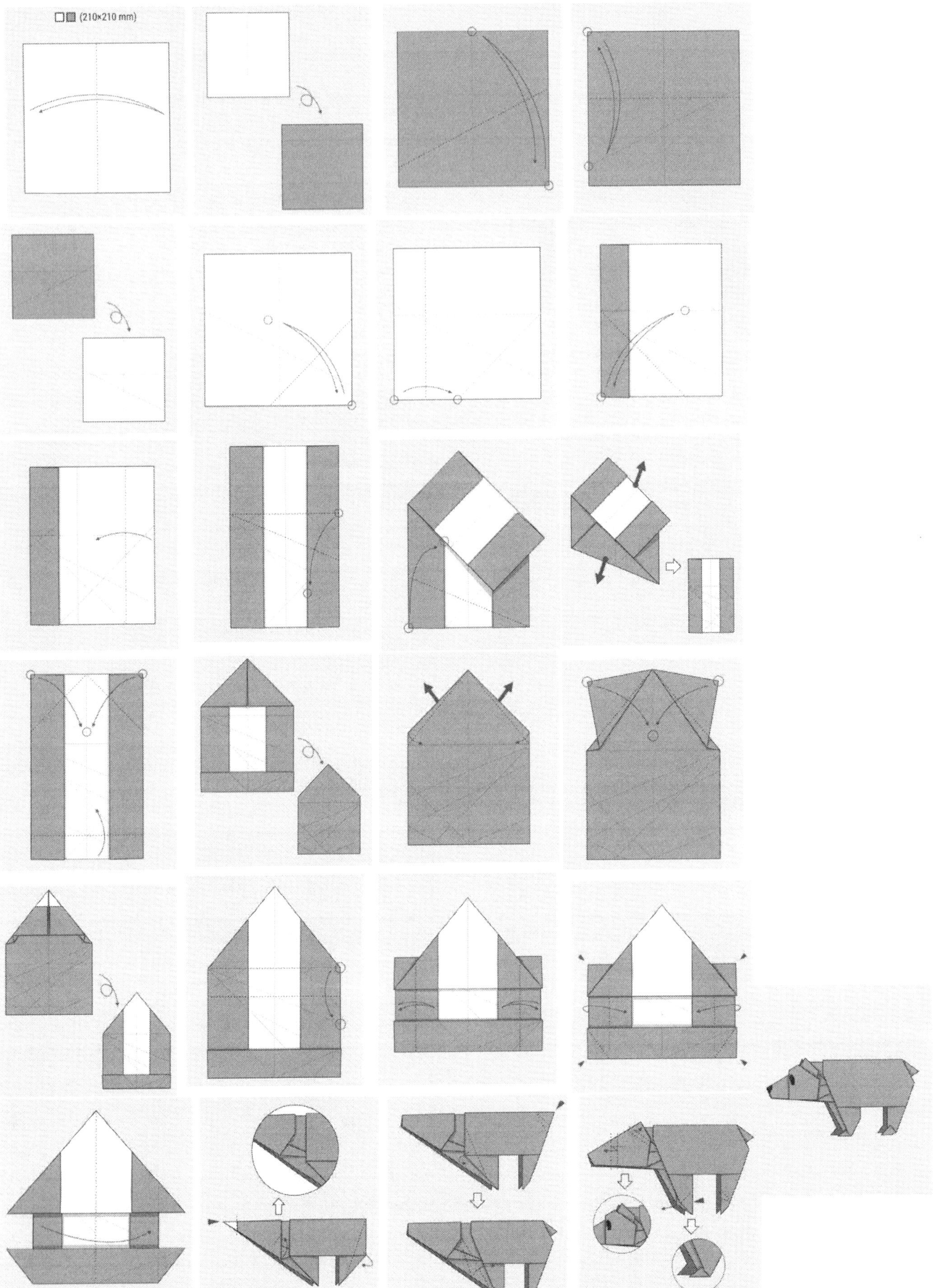
(210×210 mm)

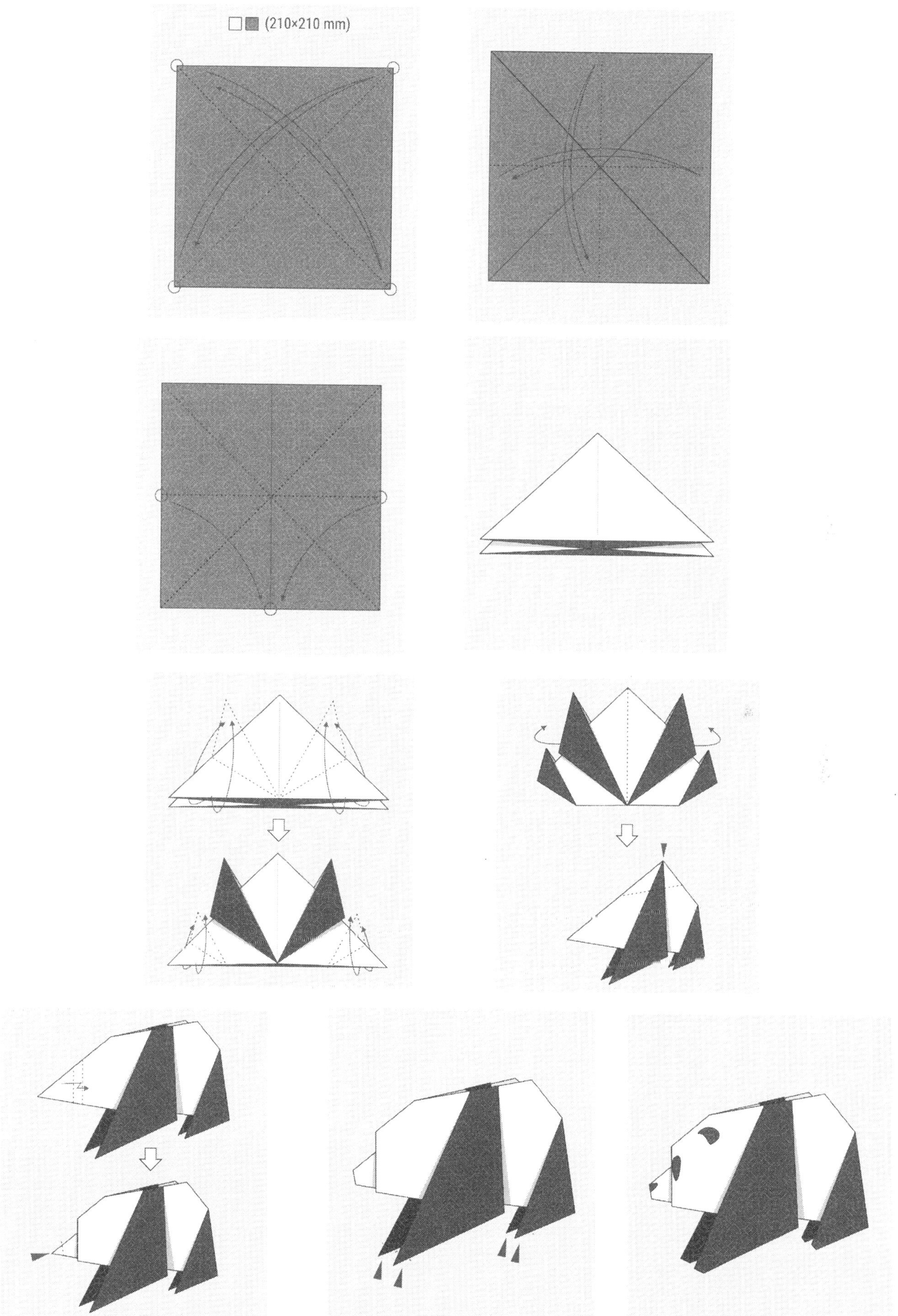
(210×210 mm)

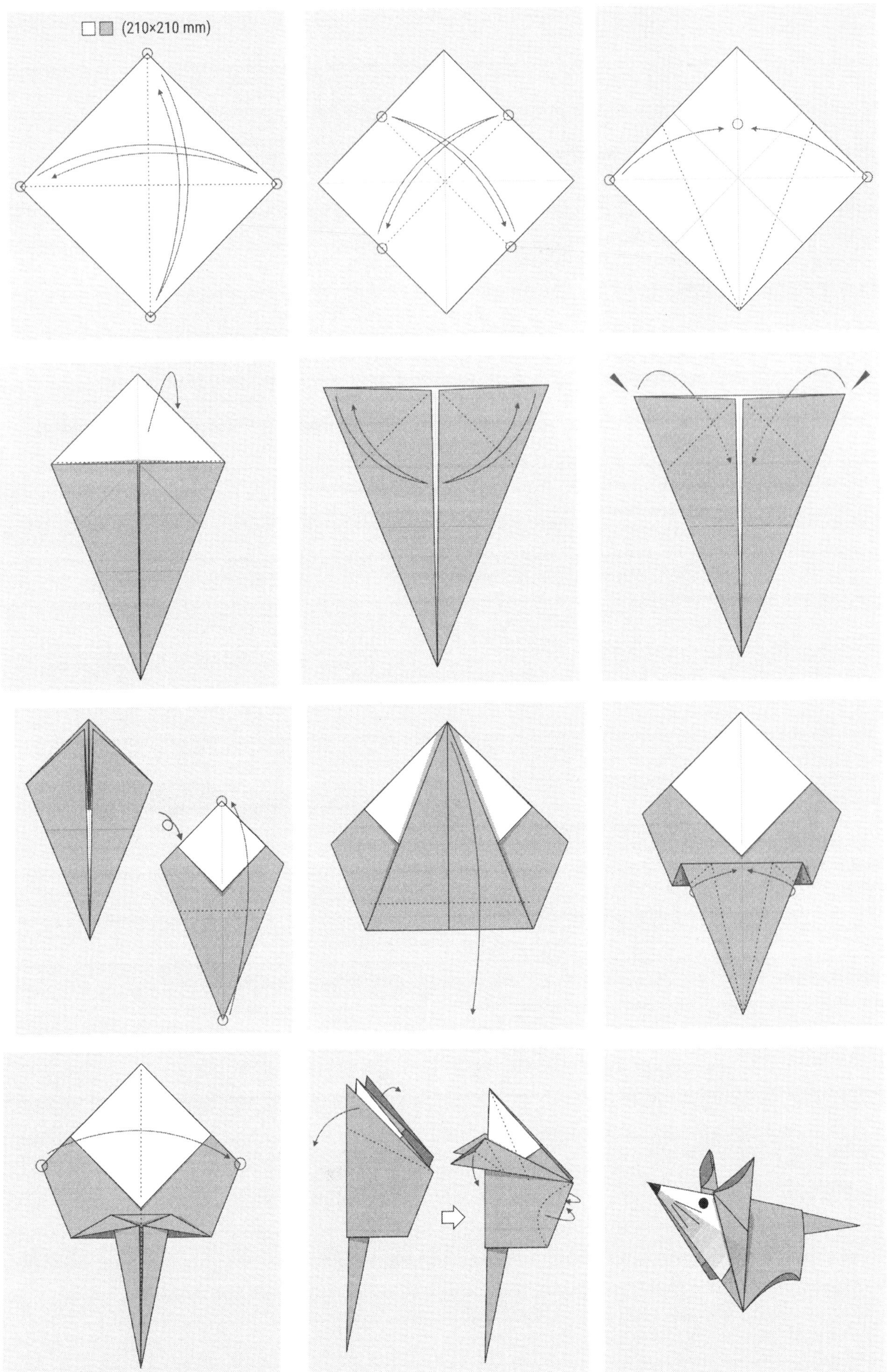
(210×210 mm)

□■ (210×210 mm)

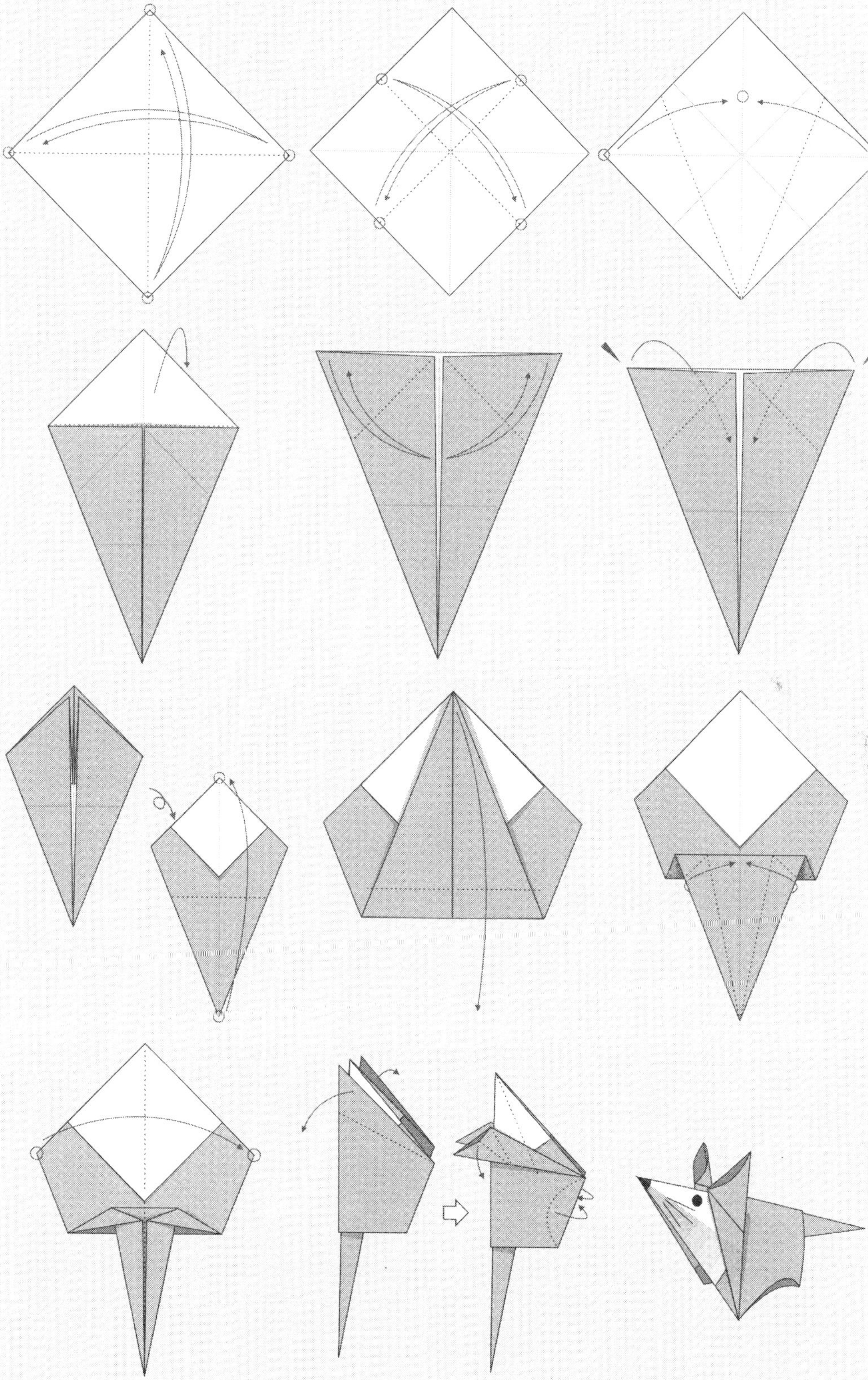

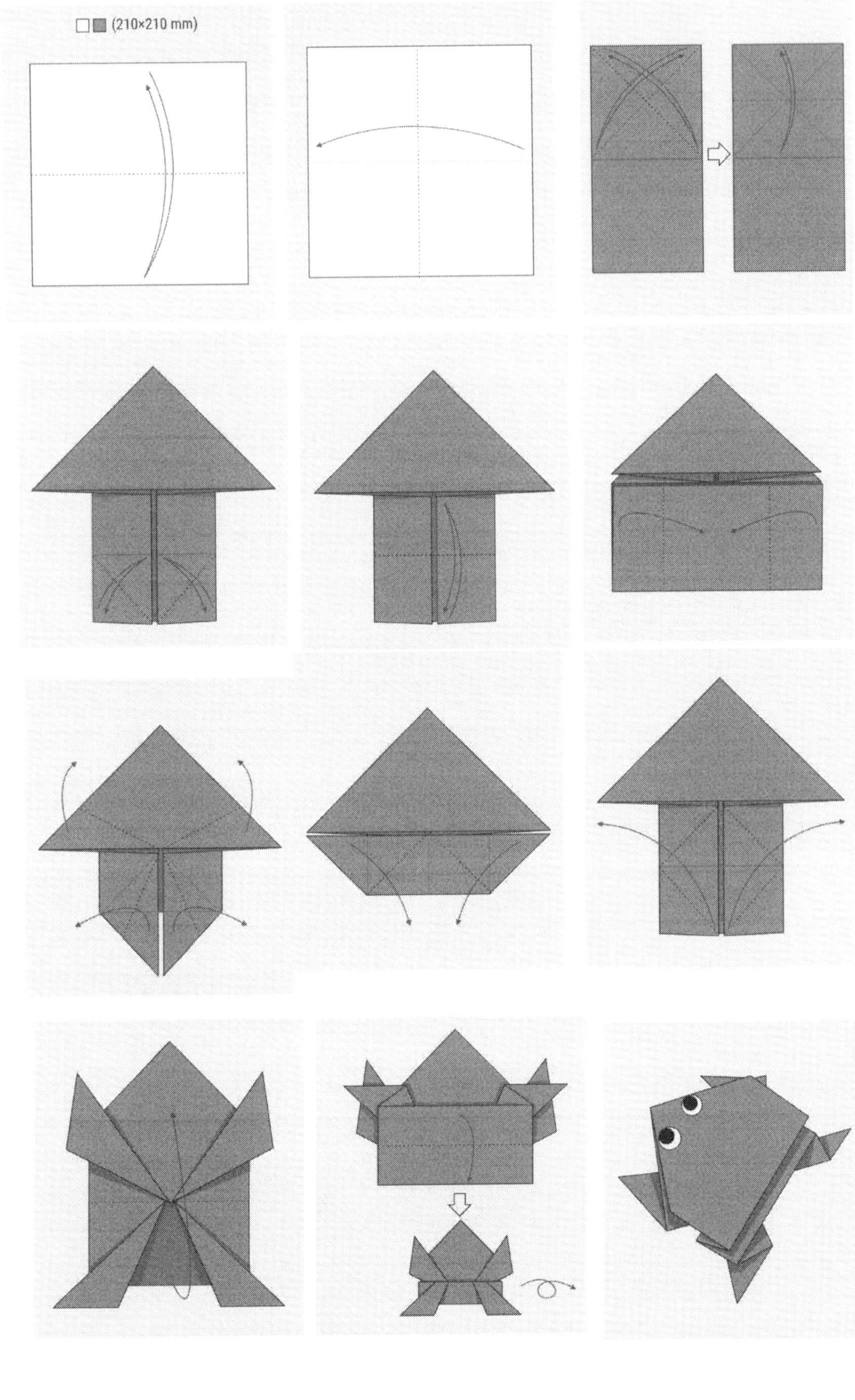
(210×210 mm)

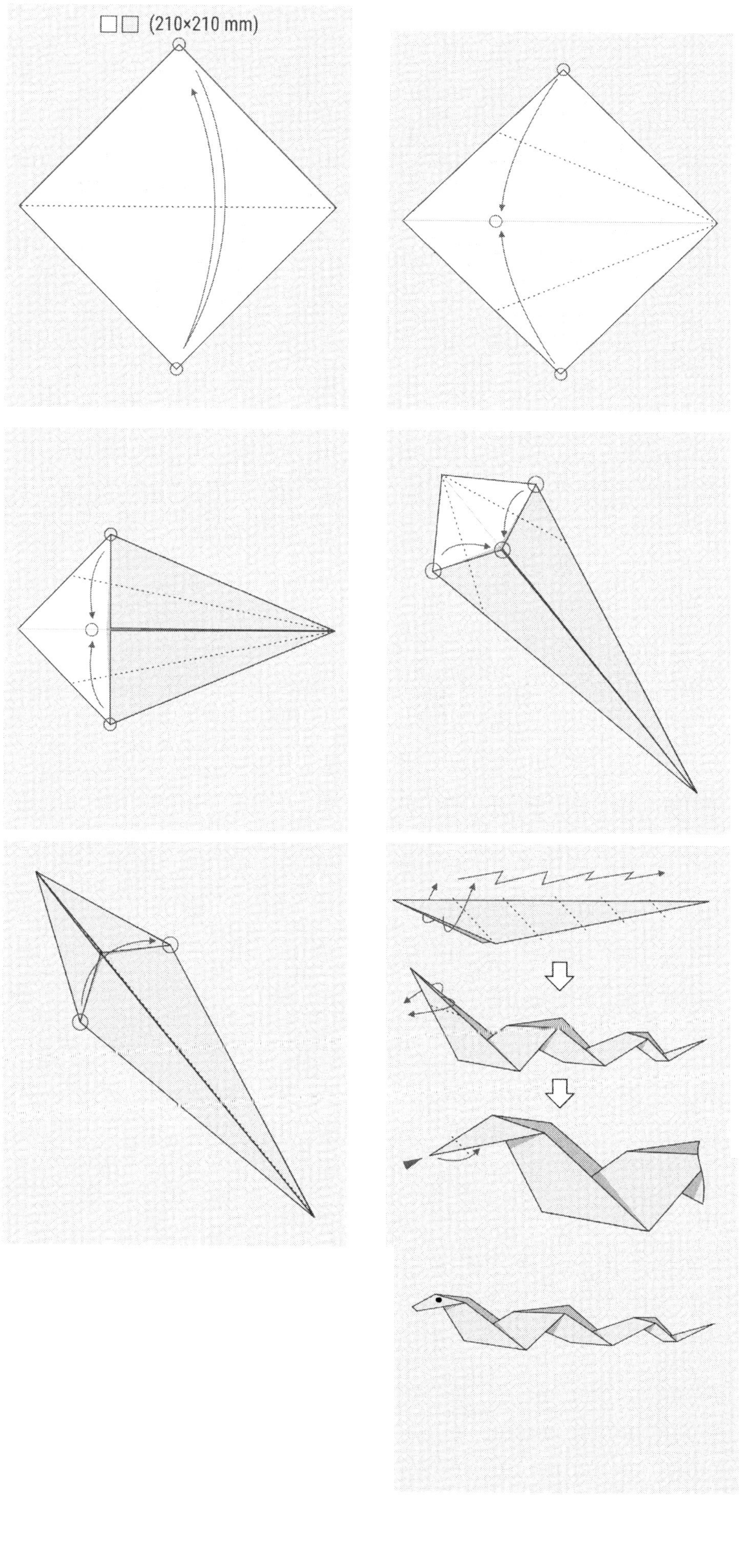
□□ (210×210 mm)

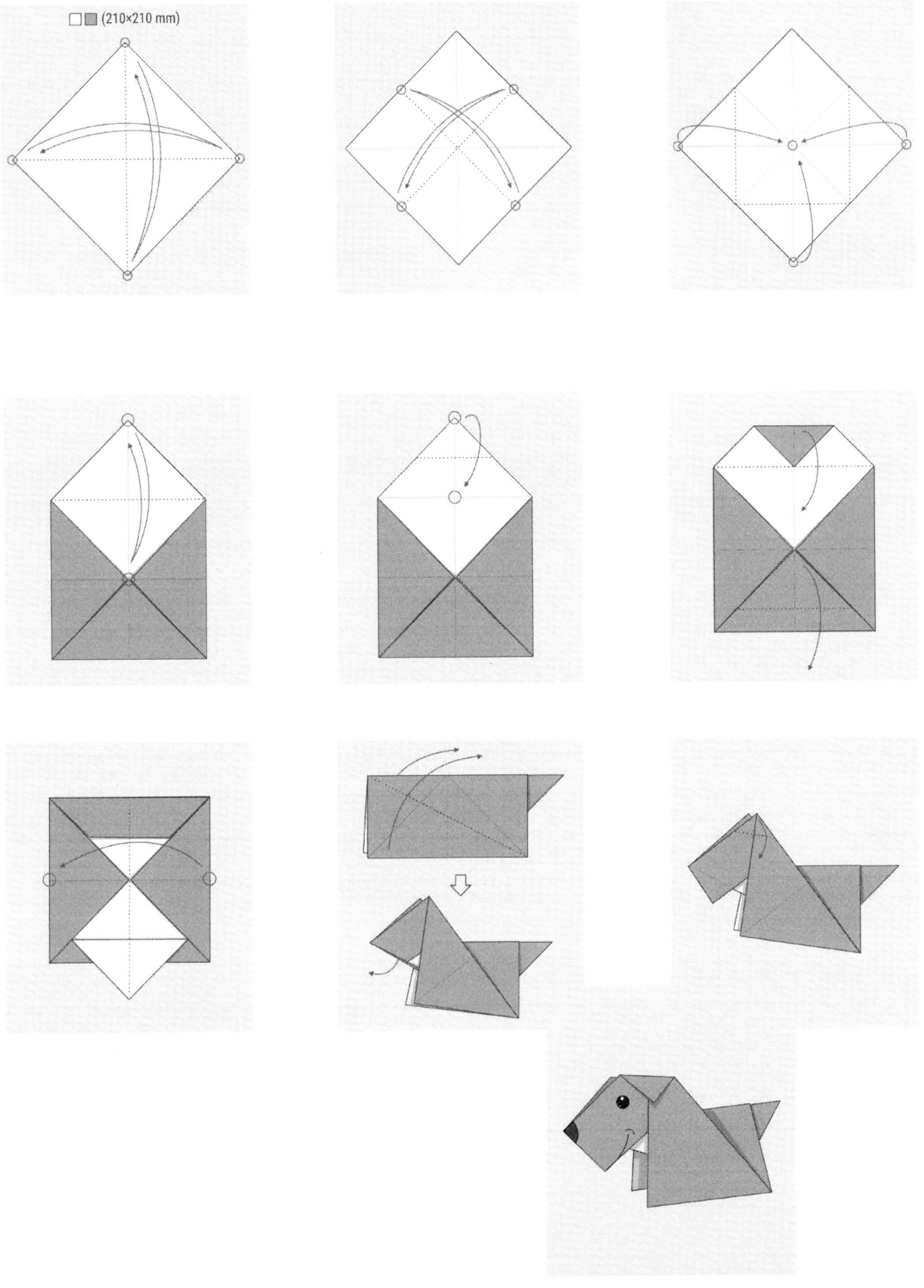
(210×210 mm)

□■ (210×210 mm)

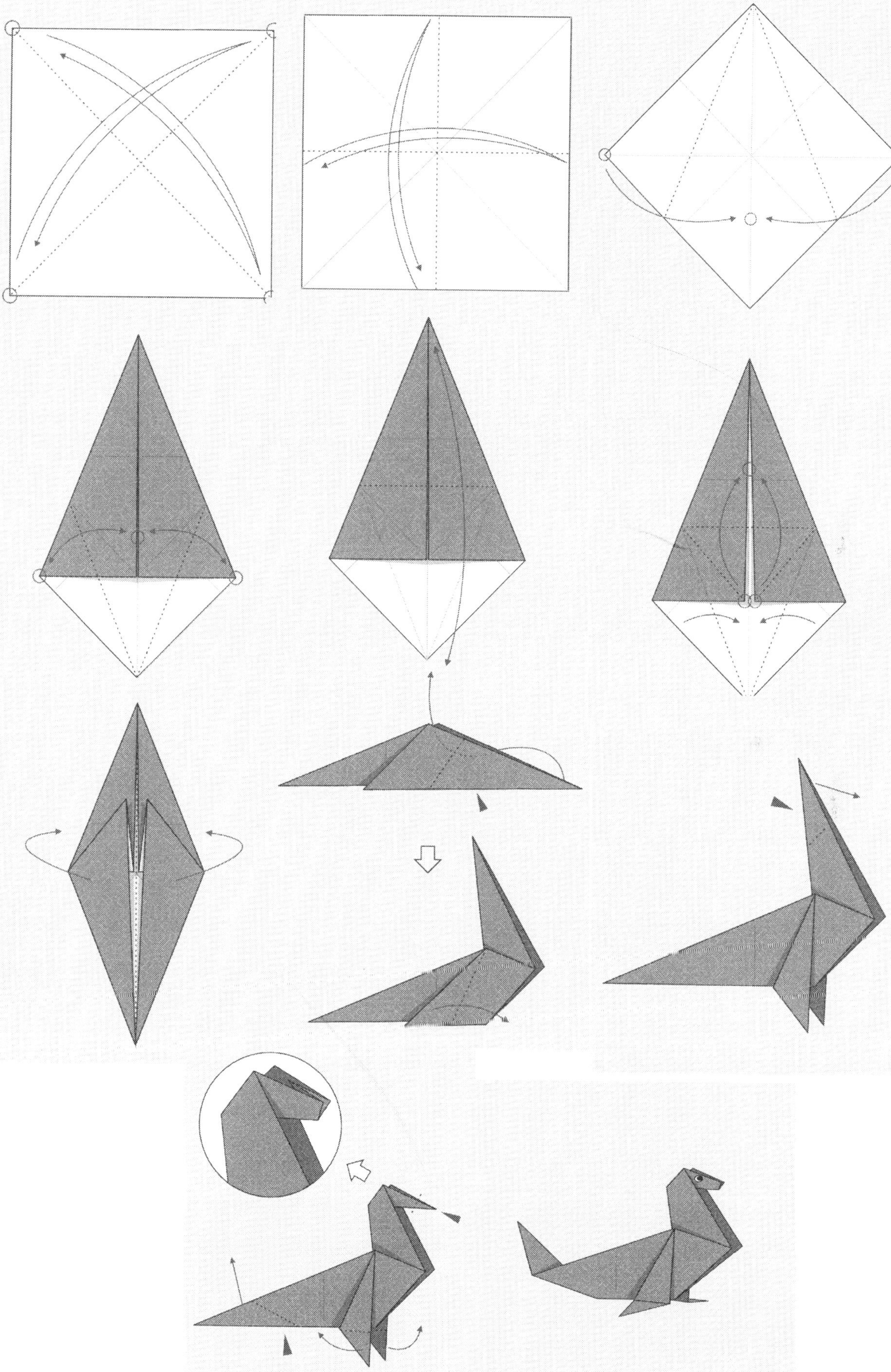

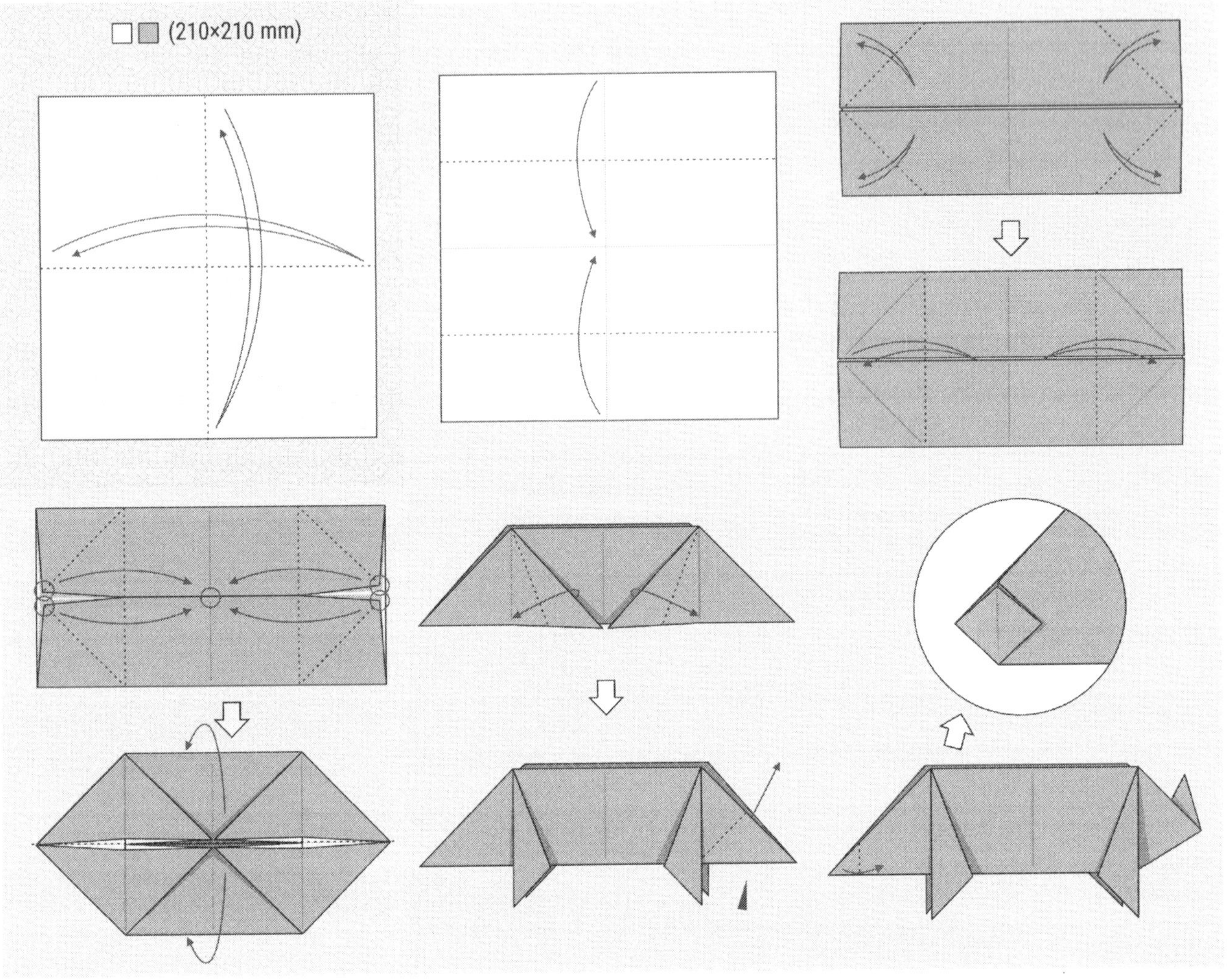
(210×210 mm)

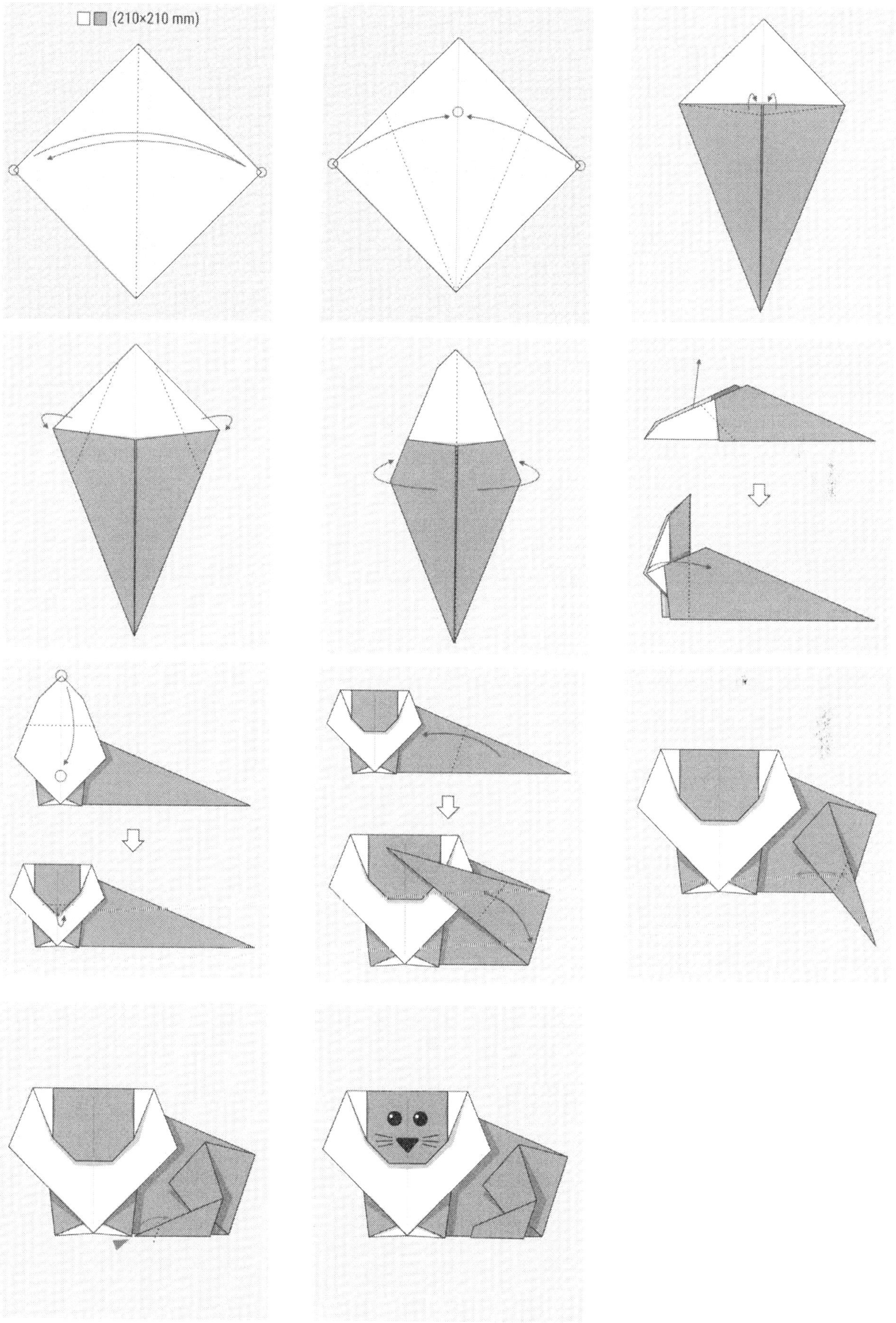
(210×210 mm)

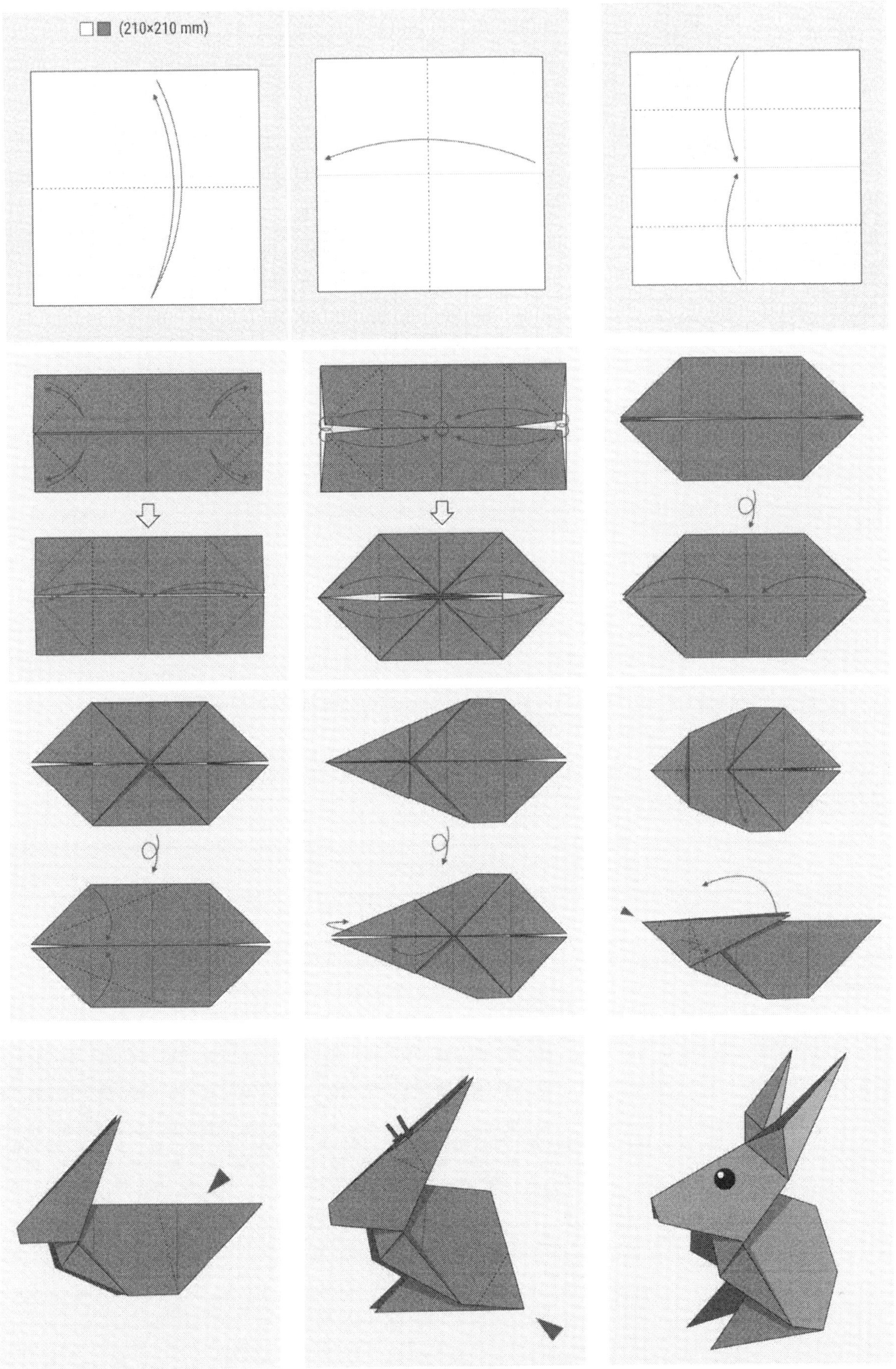
(210×210 mm)

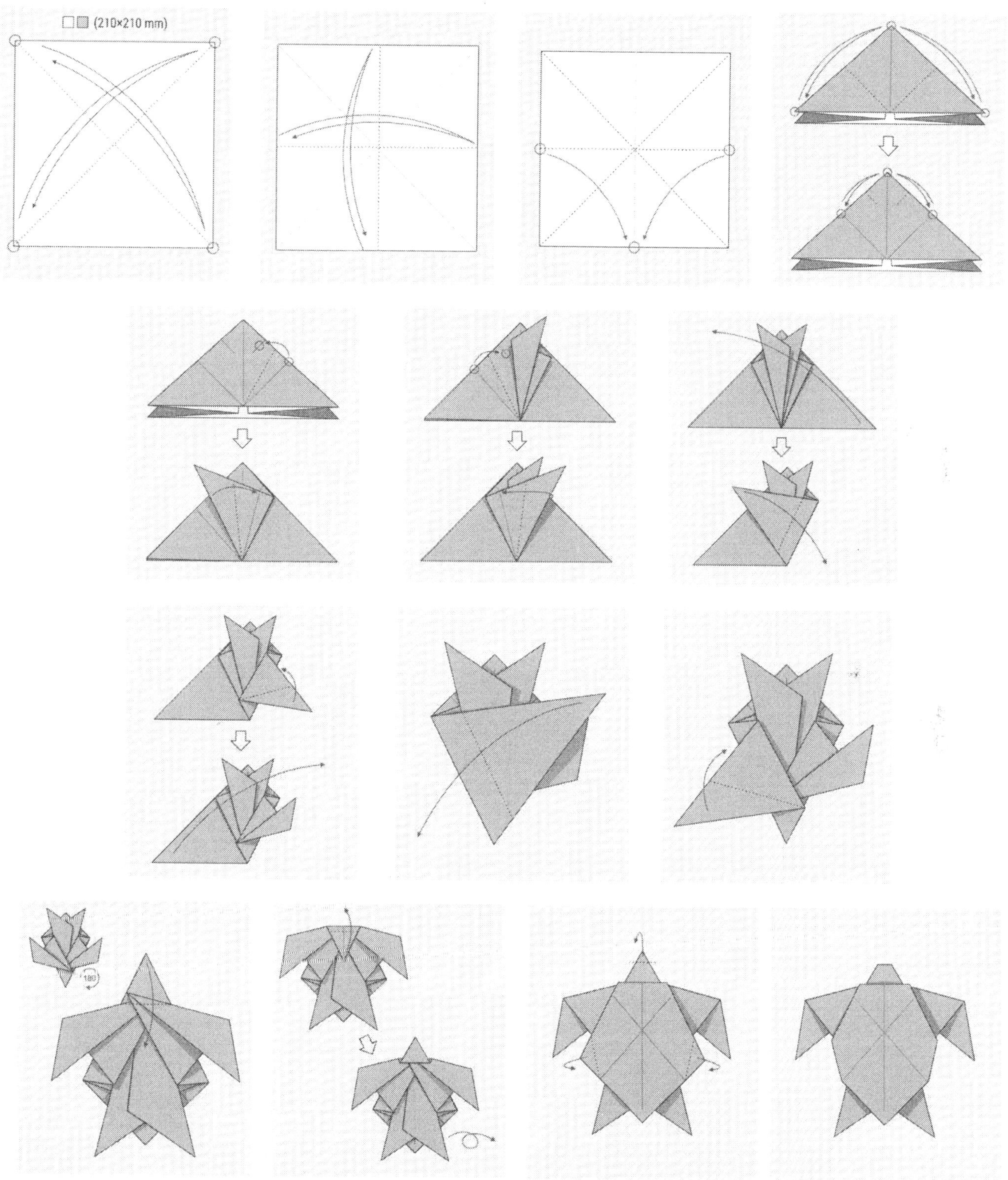
(210×210 mm)
180

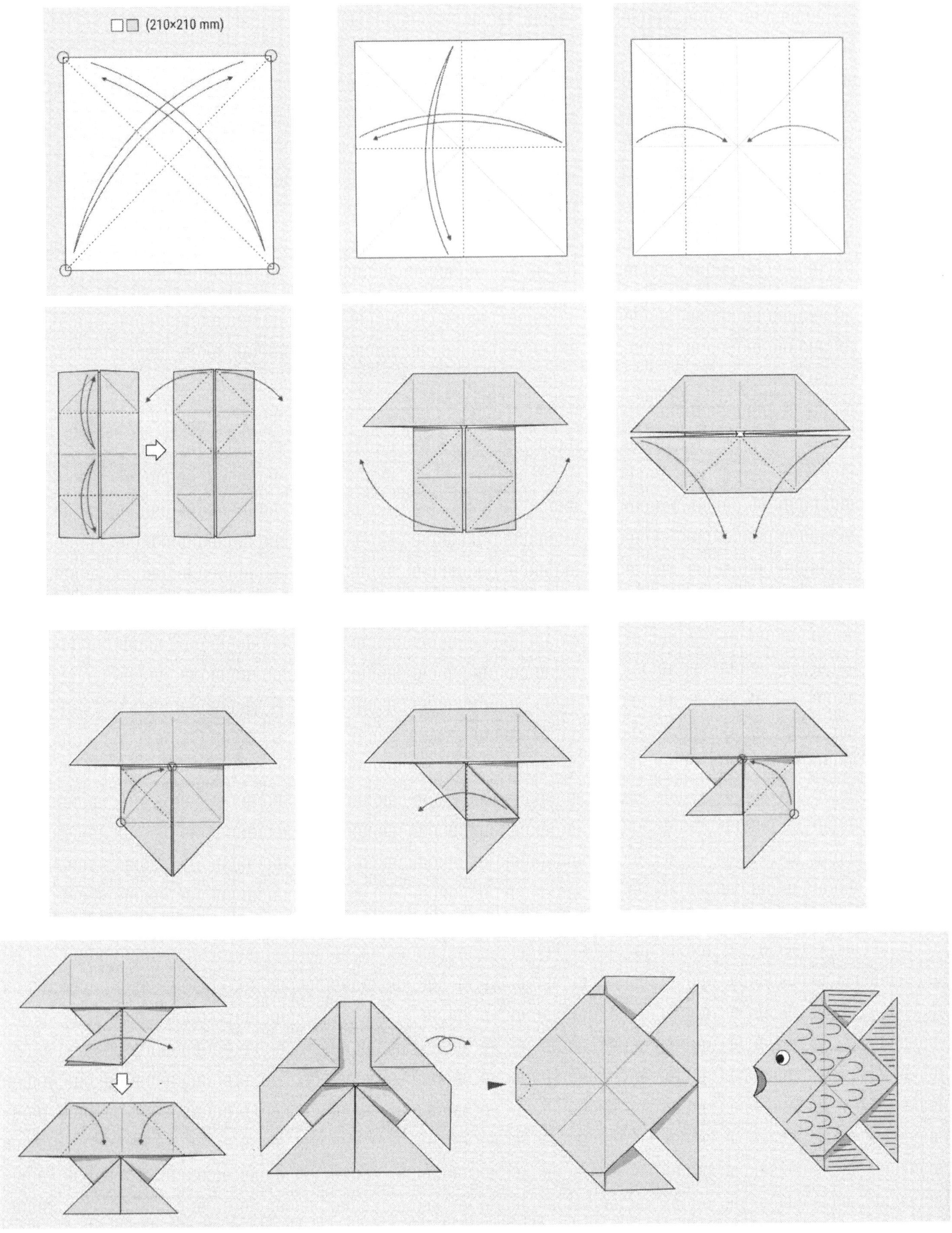
(210×210 mm)

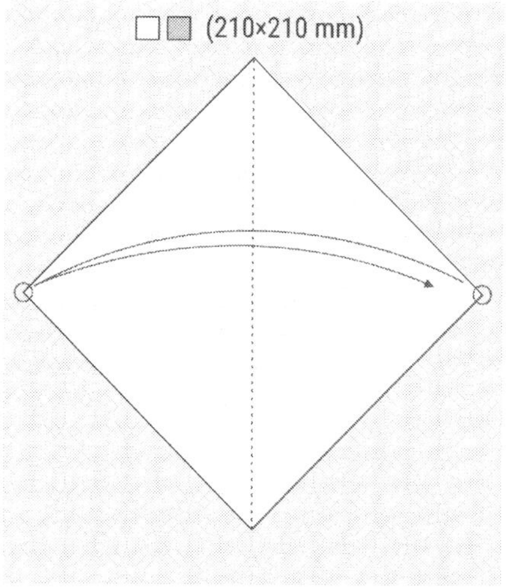
(210×210 mm)

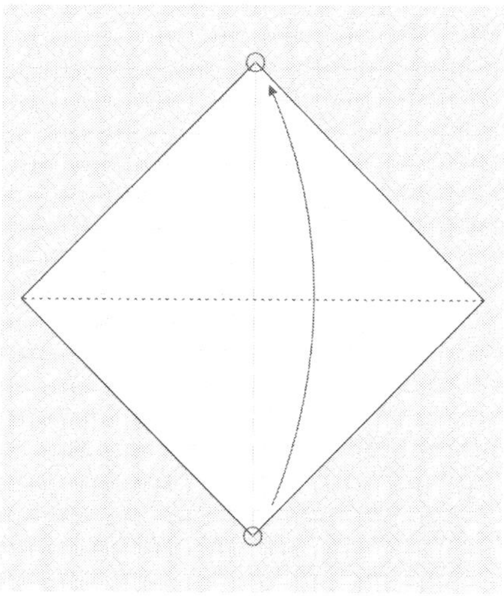

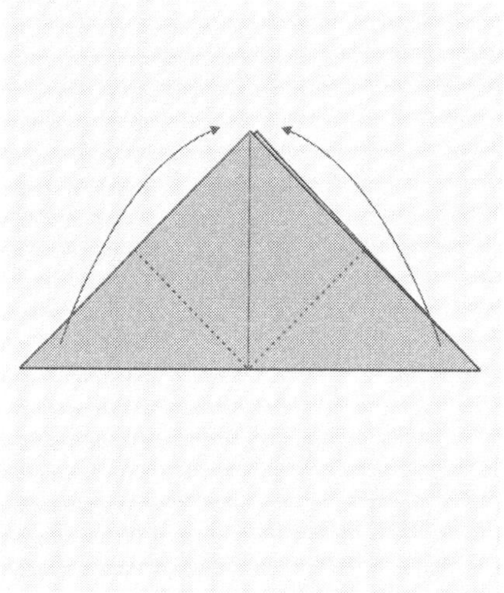

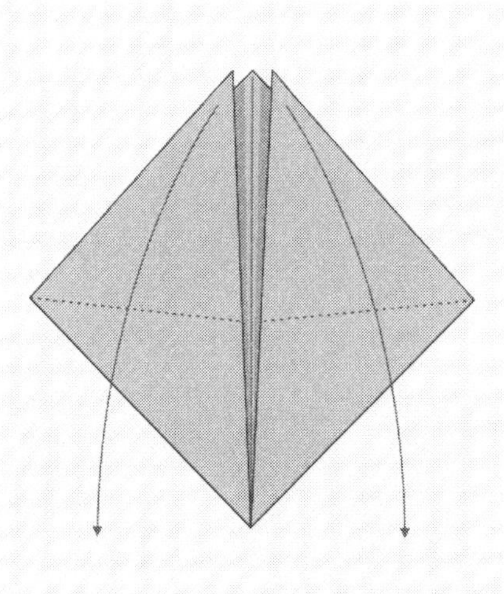

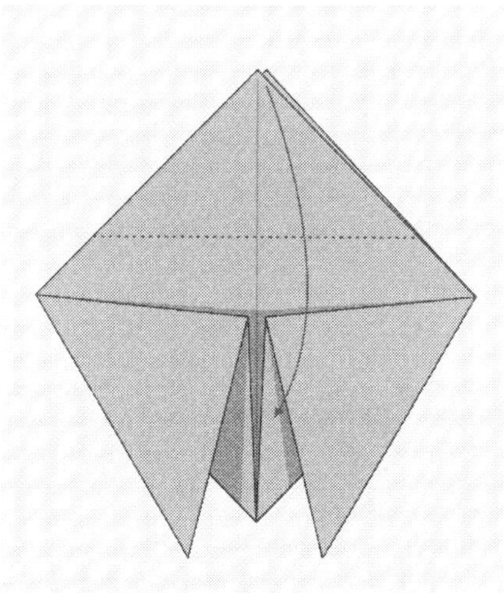

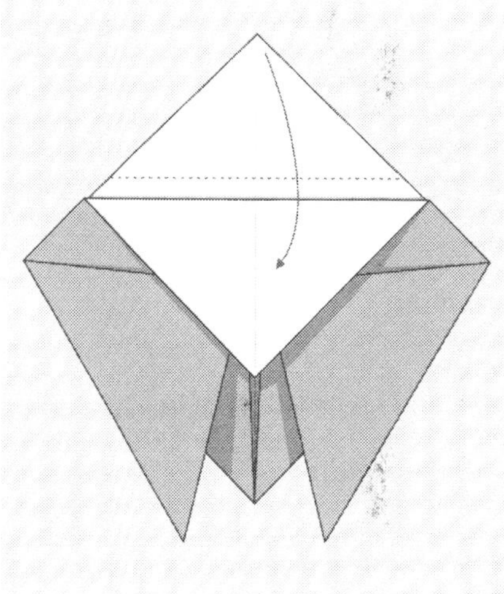

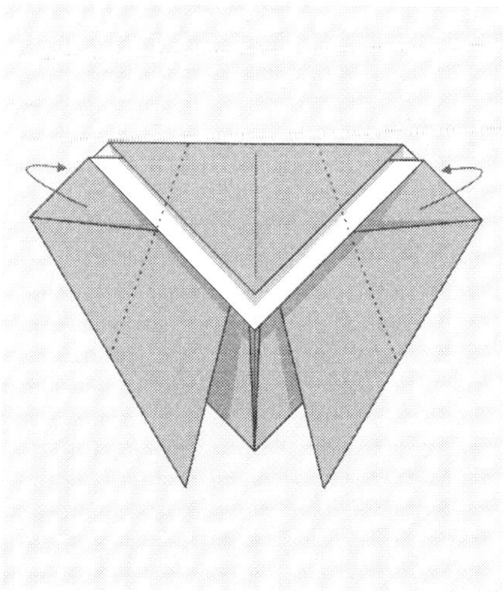

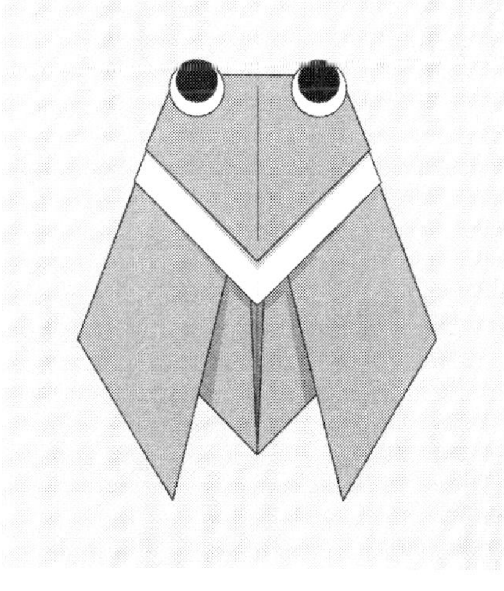

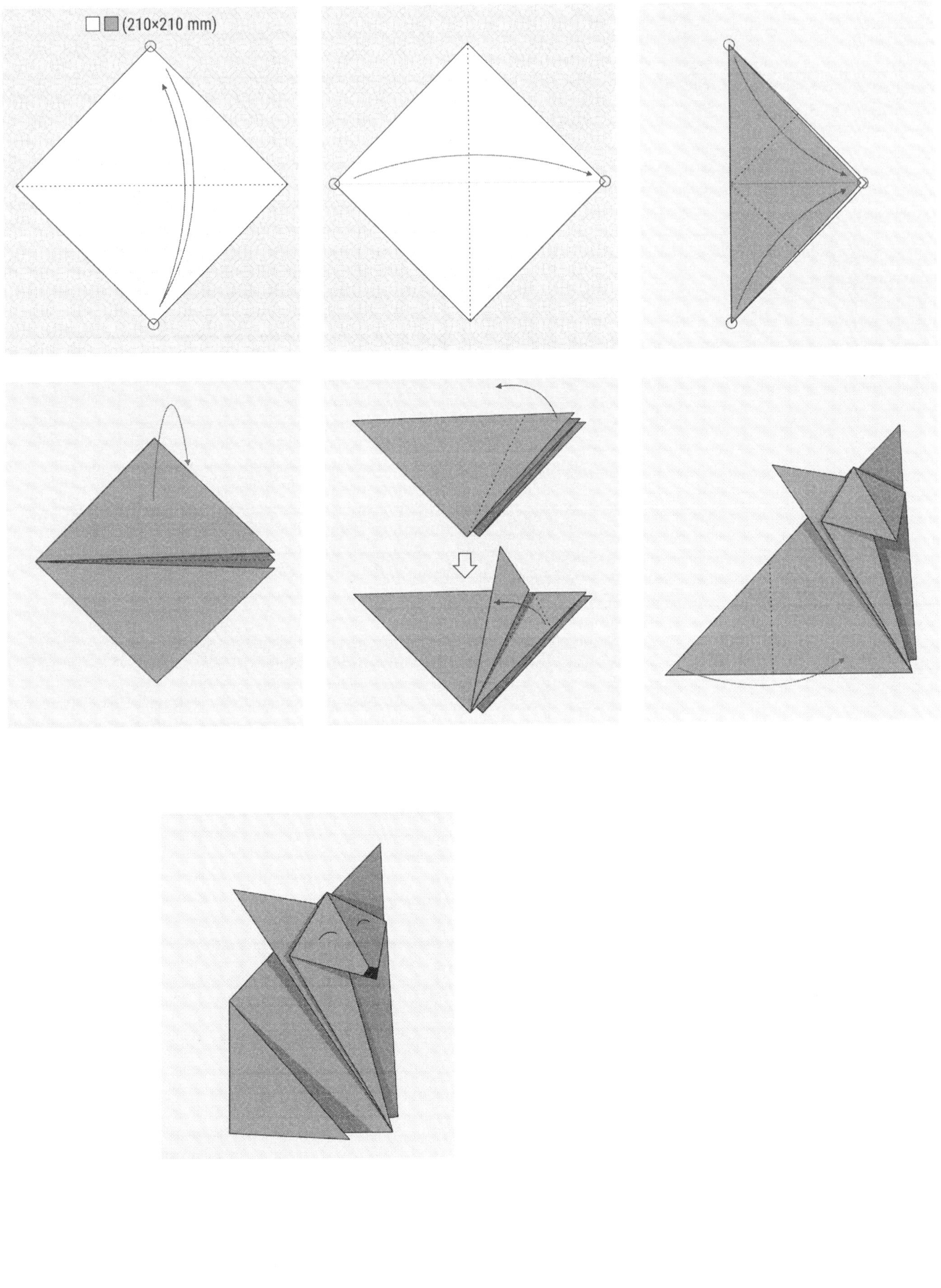
(210×210 mm)

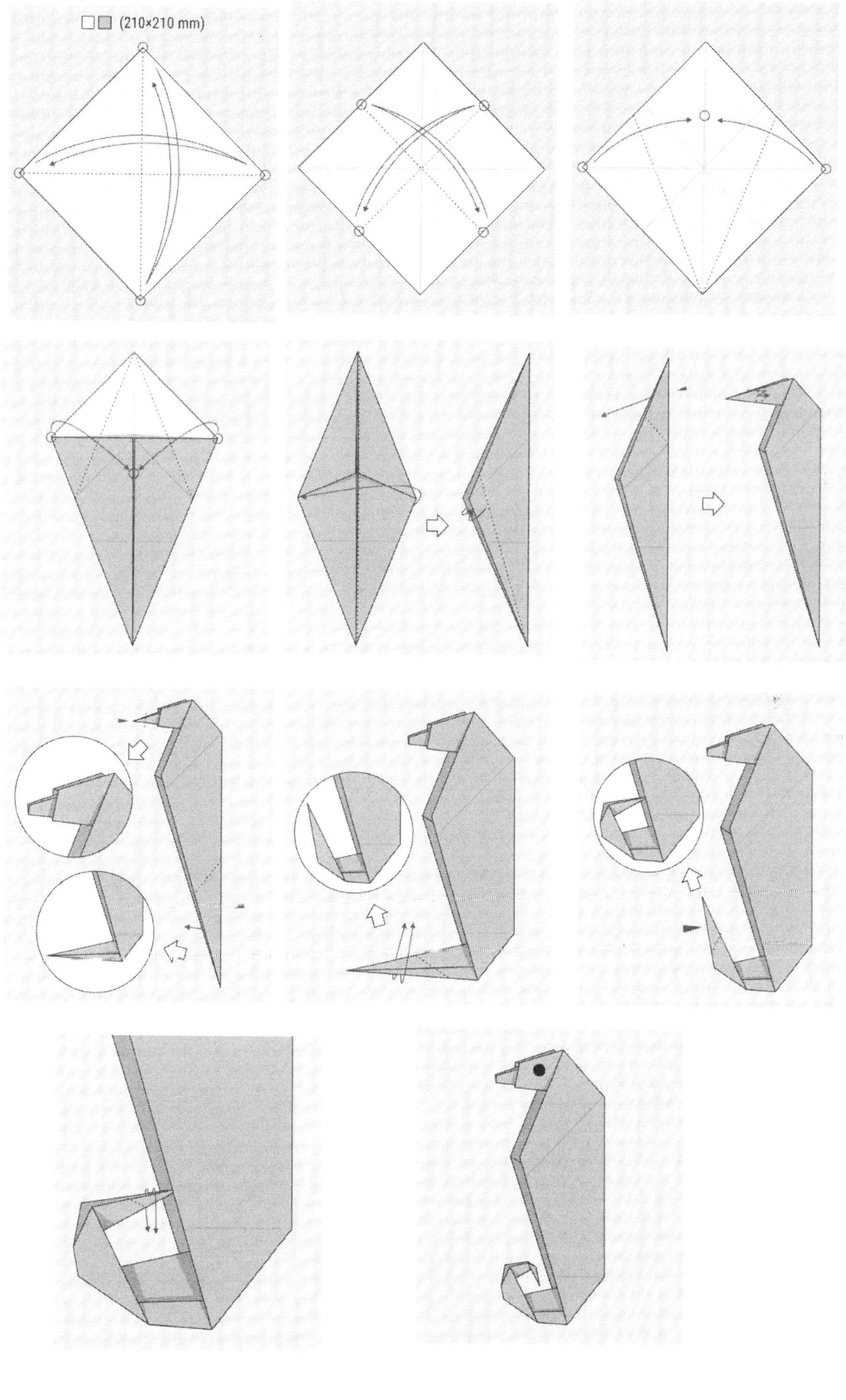
(210×210 mm)

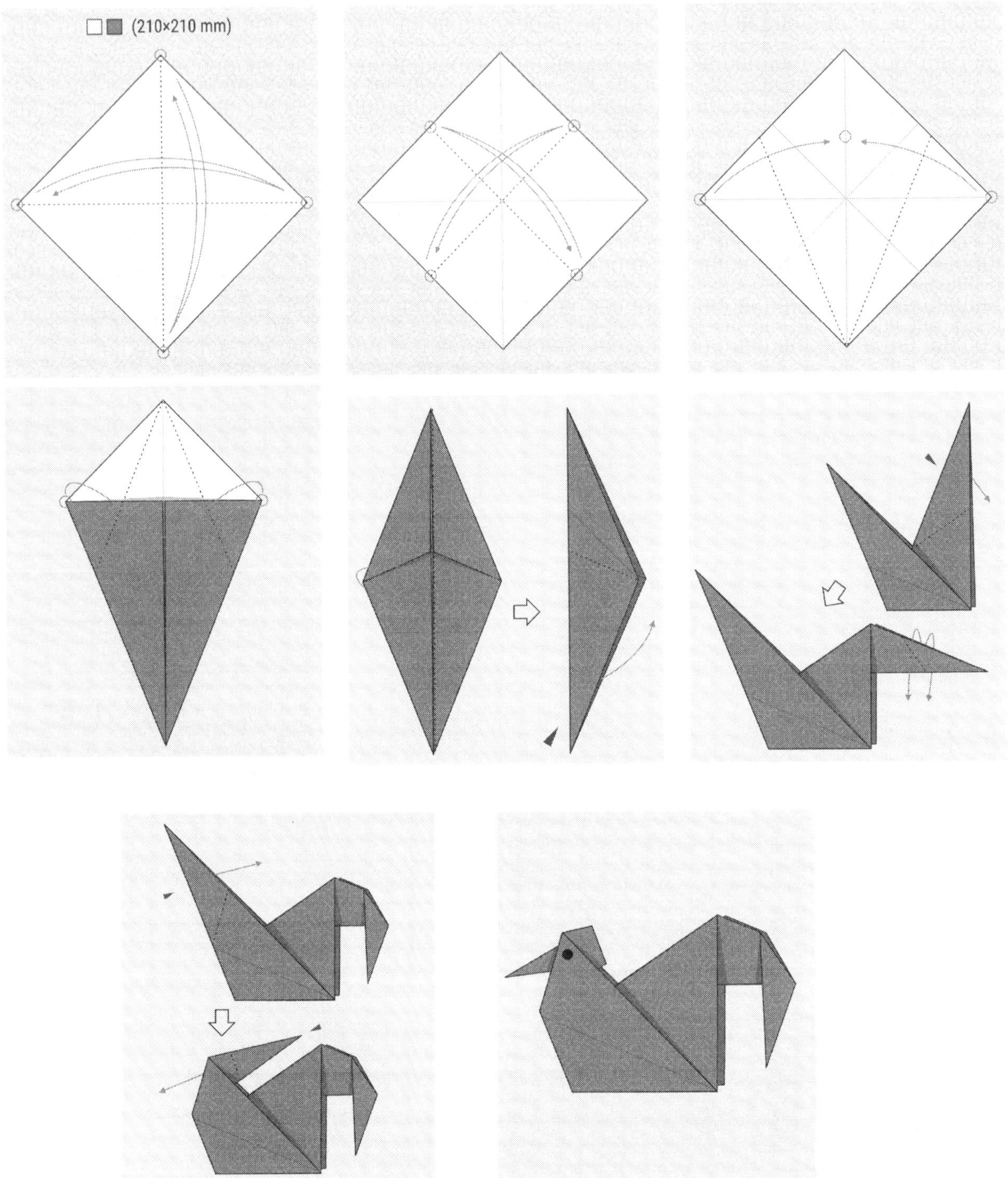
(210×210 mm)

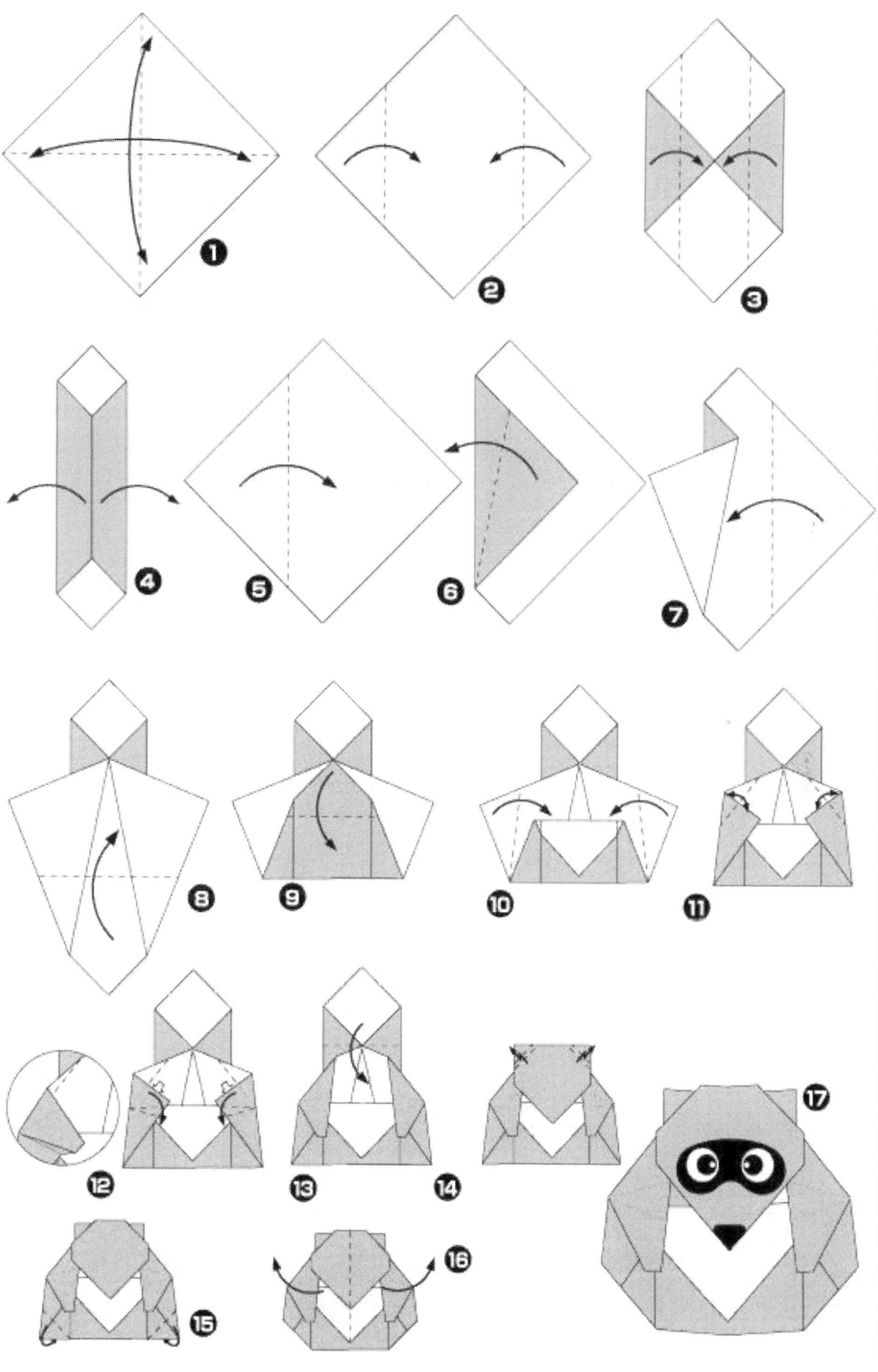
1
2
3
4
5
6
7
8
9
10
11
12
13
14
15
16
17

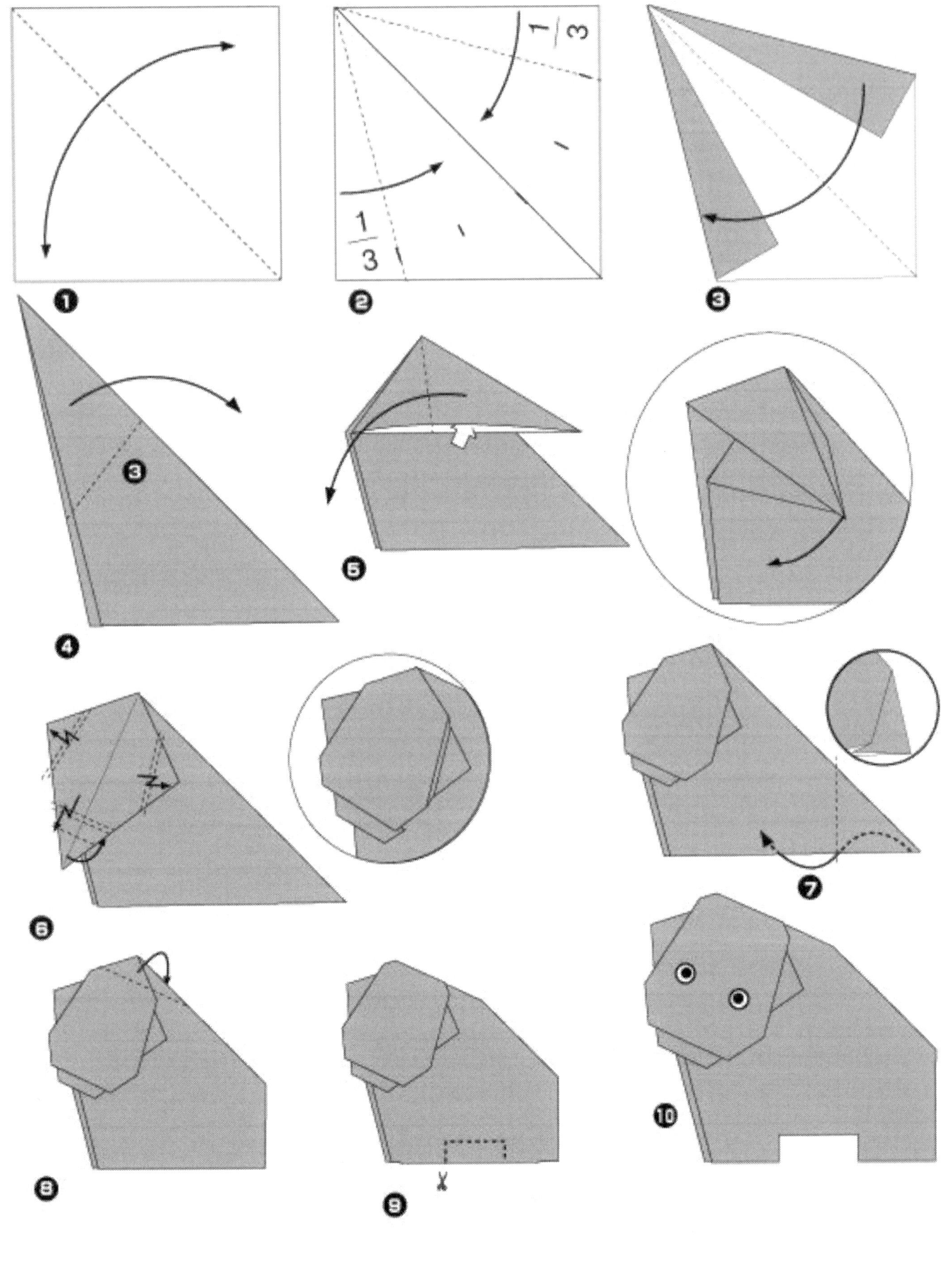
1
2
1/3
1/3
3
3
4
5
6
7
8
9
10

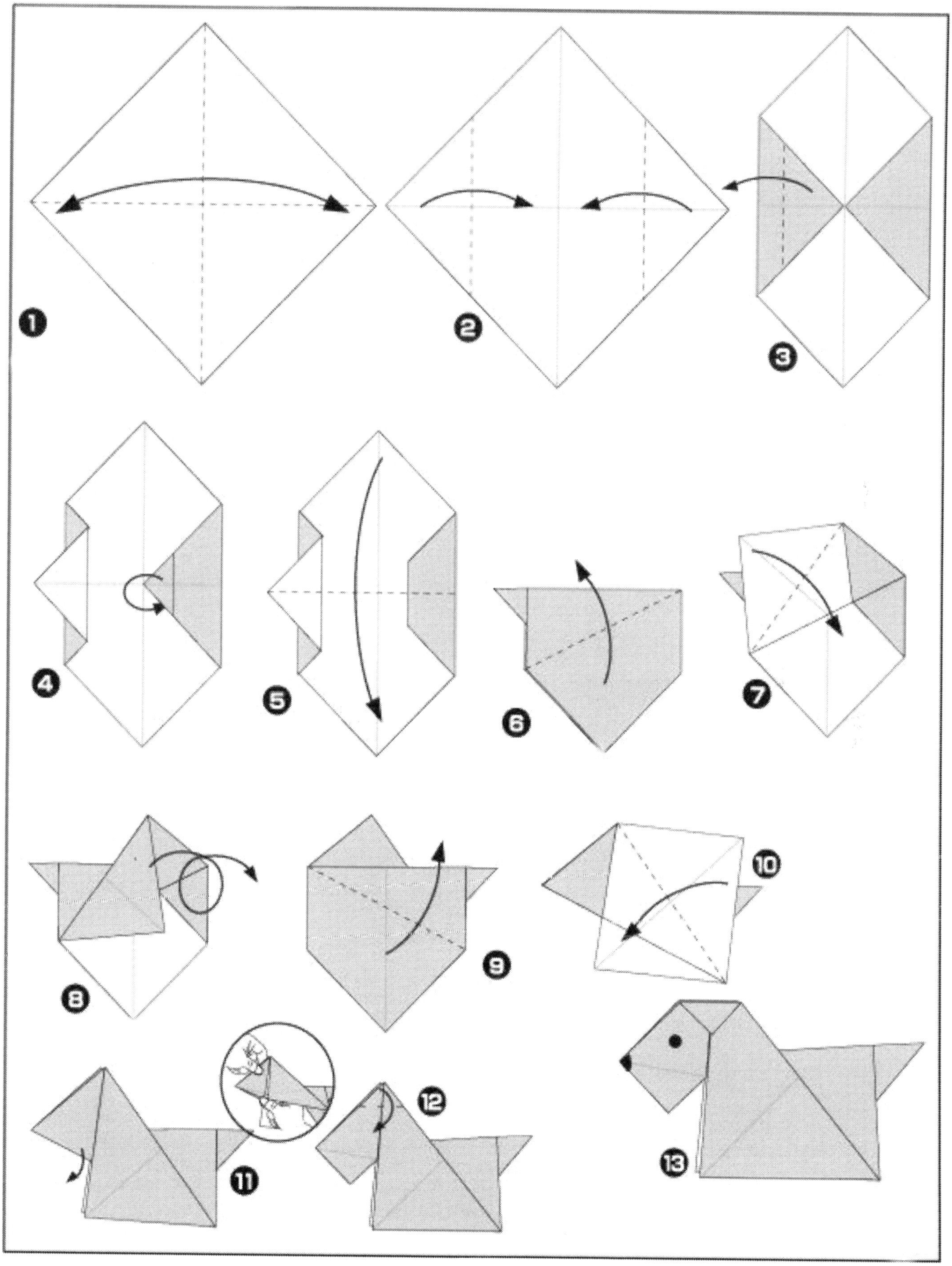
1
2
3
4
5
6
7
8
9
10
11
12
13

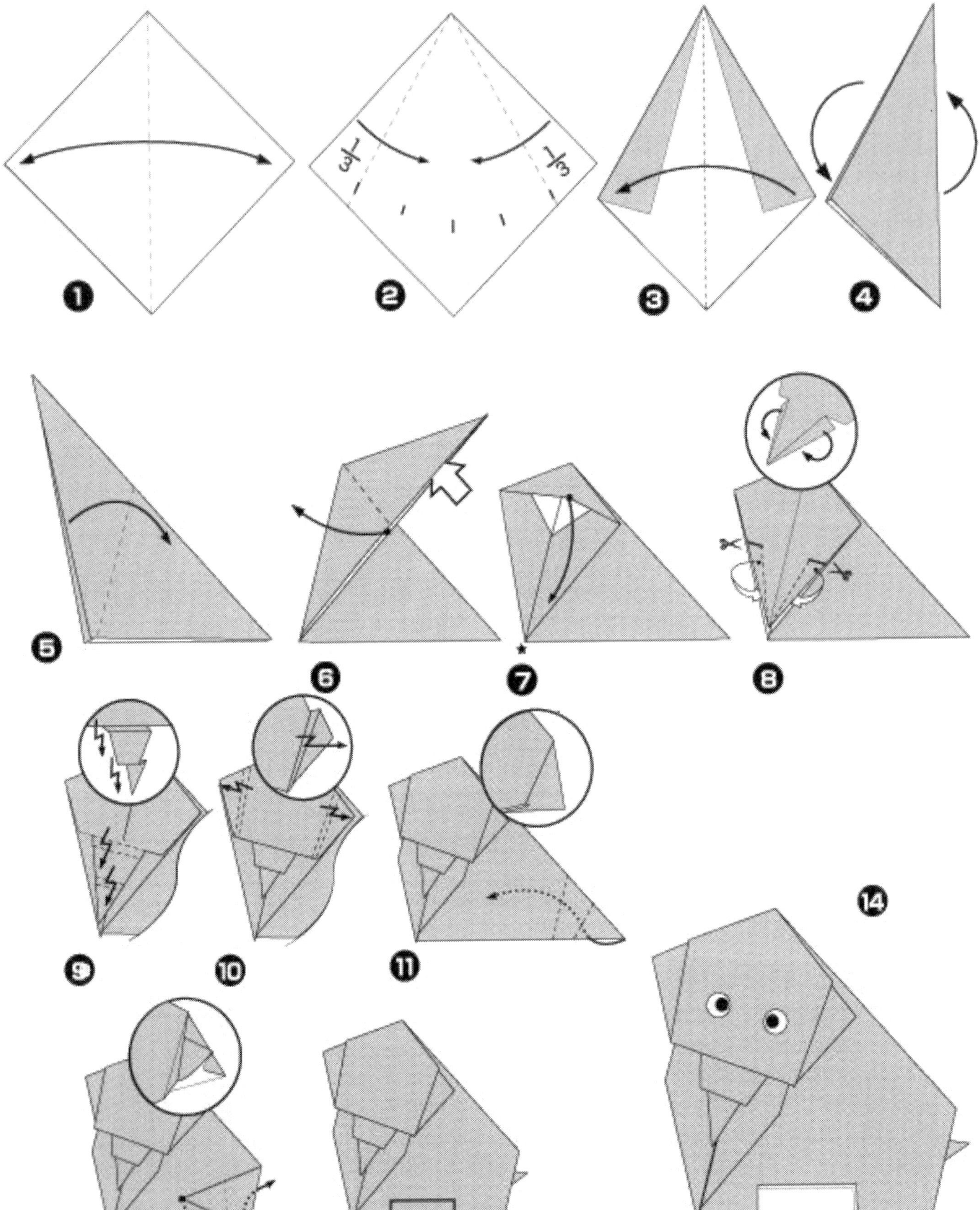
1
2
1/3
1/3
3
4
5
6
7
8
9
10
11
12
13
14

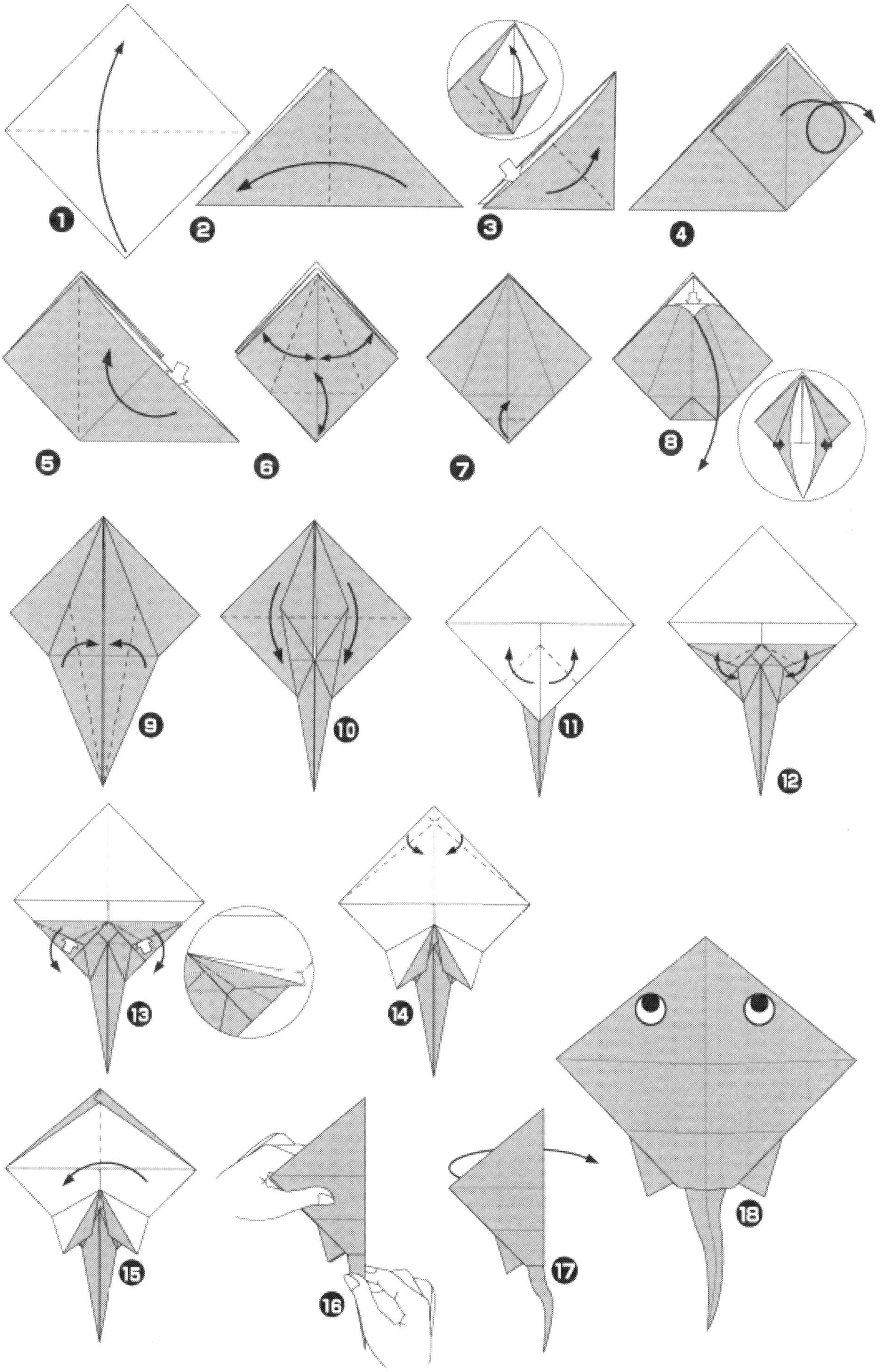
1
2
3
4
5
6
7
8
9
10
11
12
13
14
15
16
17
18

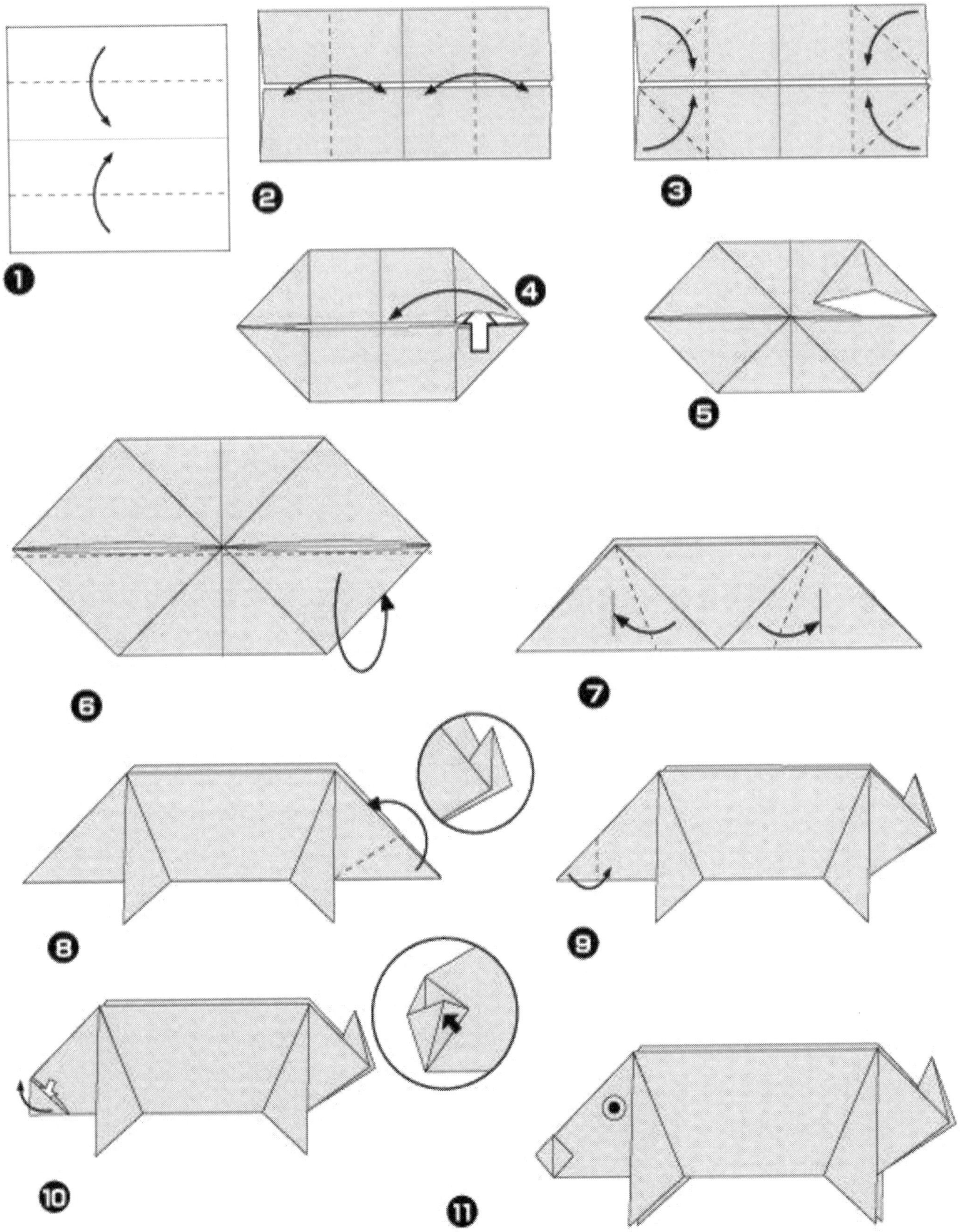
1
2
3
4
5
6
7
8
9
10
11

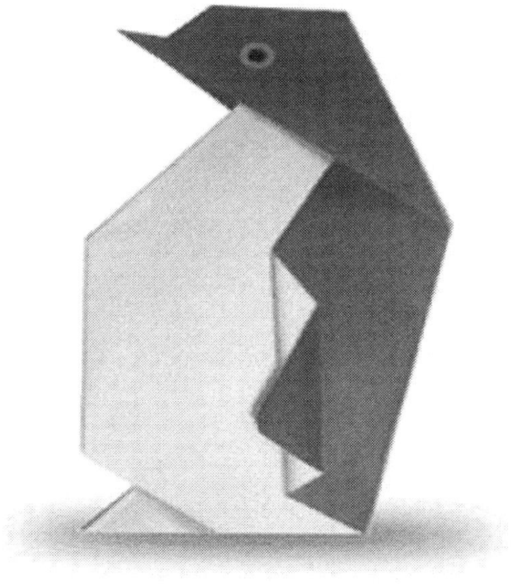

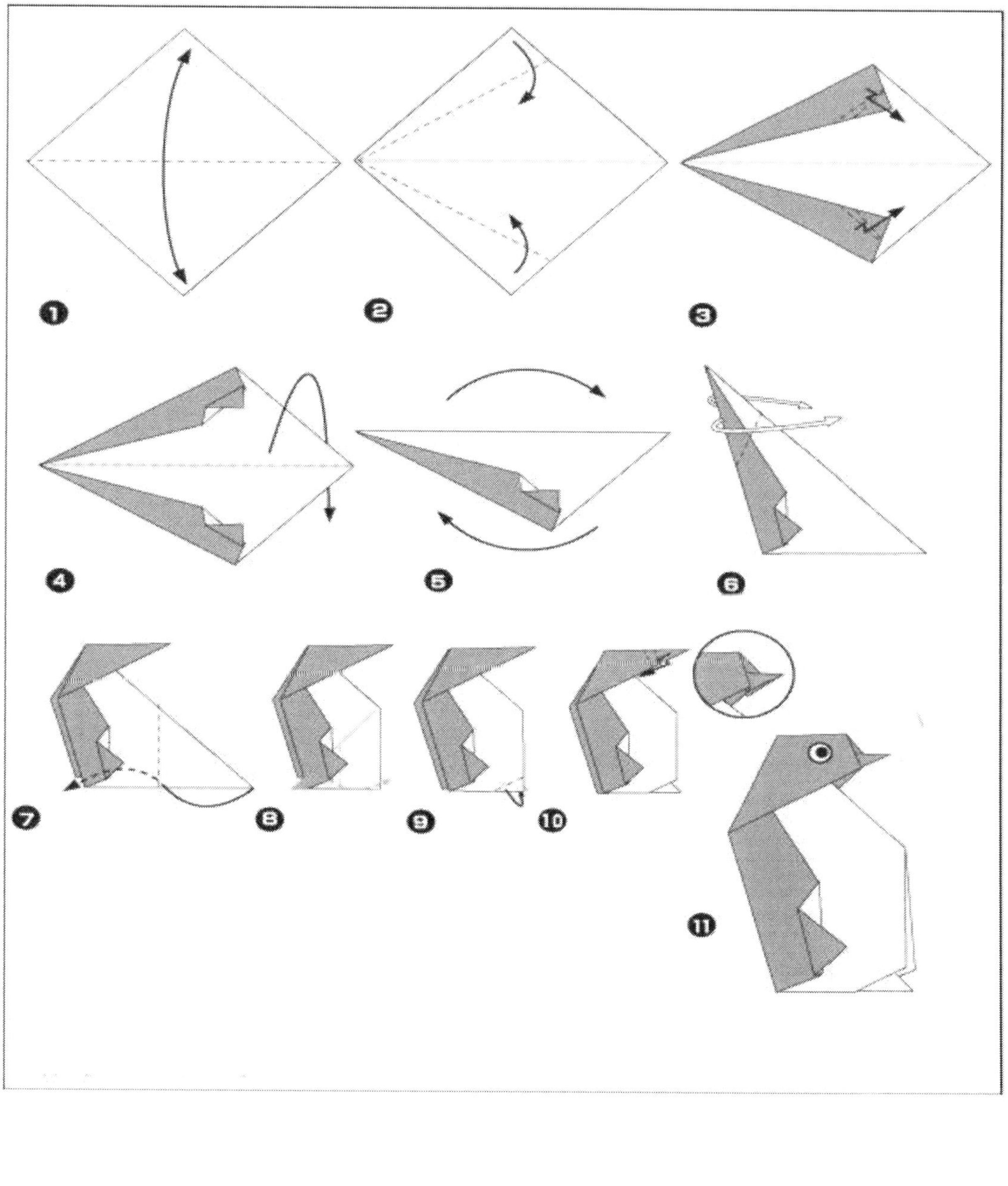
1
2
3
4
5
6
7
8
9
10
11

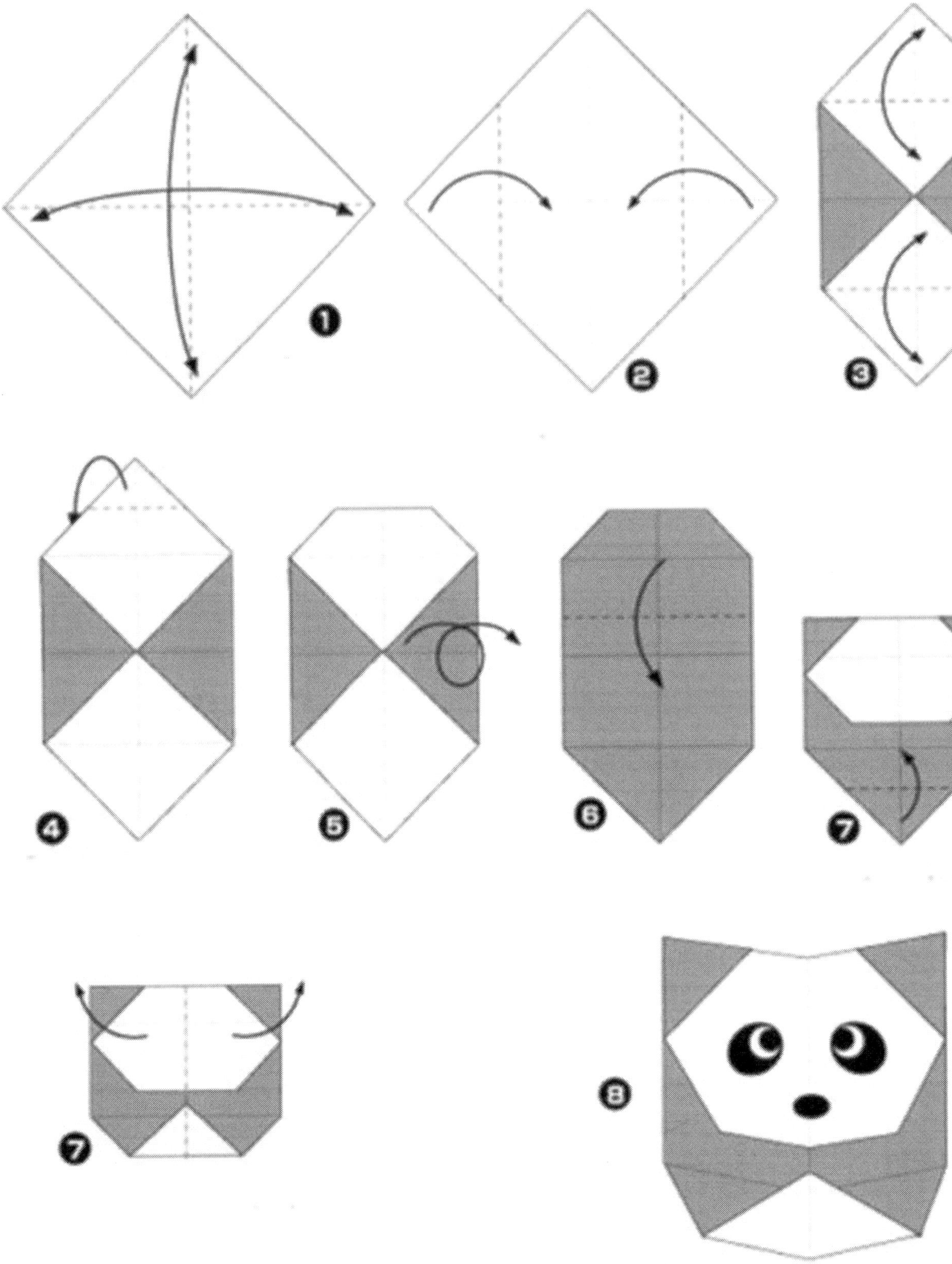
1
2
3
4
5
6
7
7
8

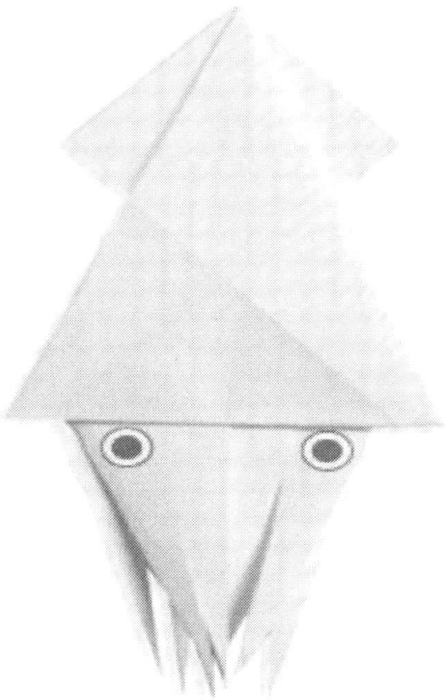

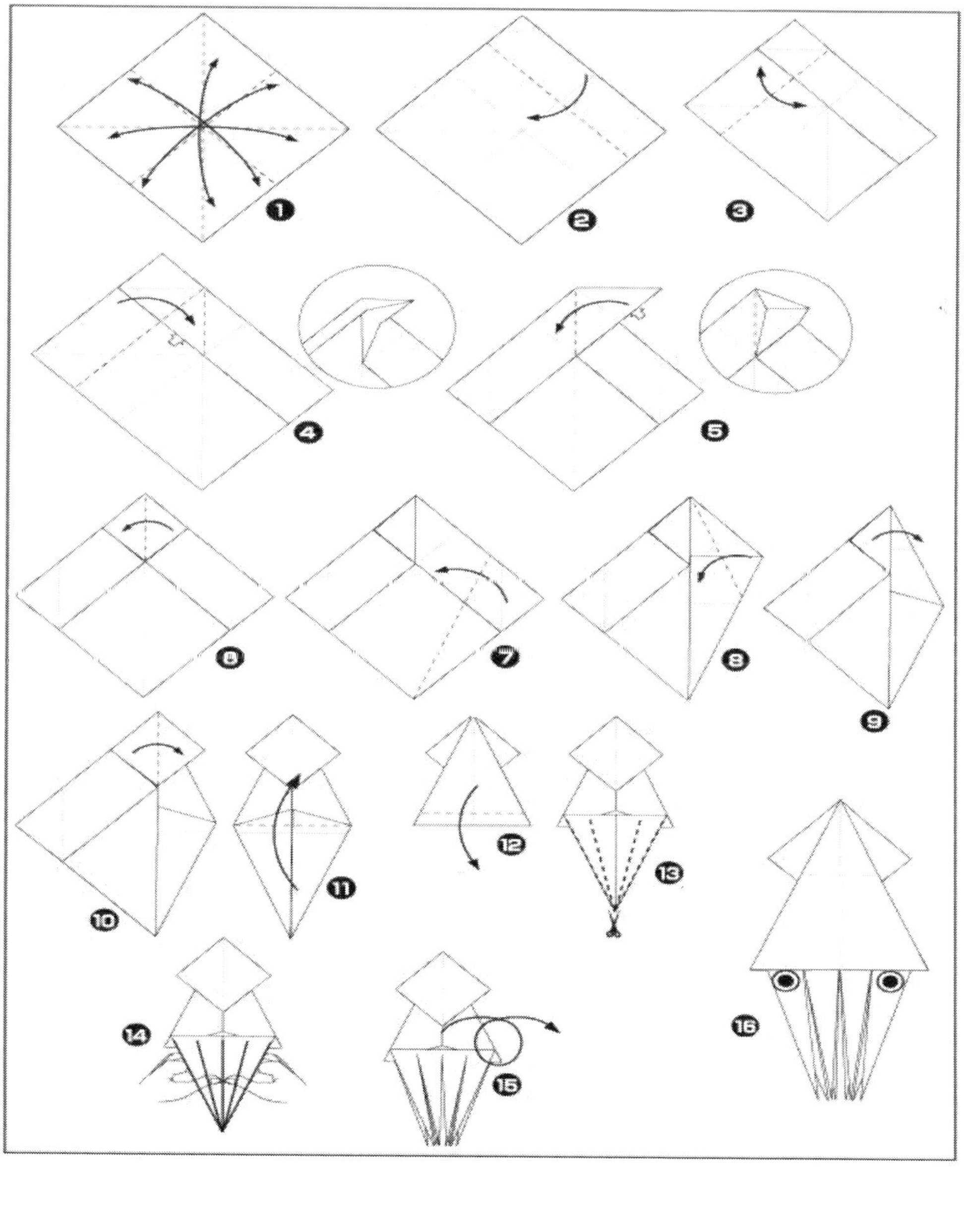
1
2
3
4
5
6
7
8
9
10
11
12
13
14
15
16

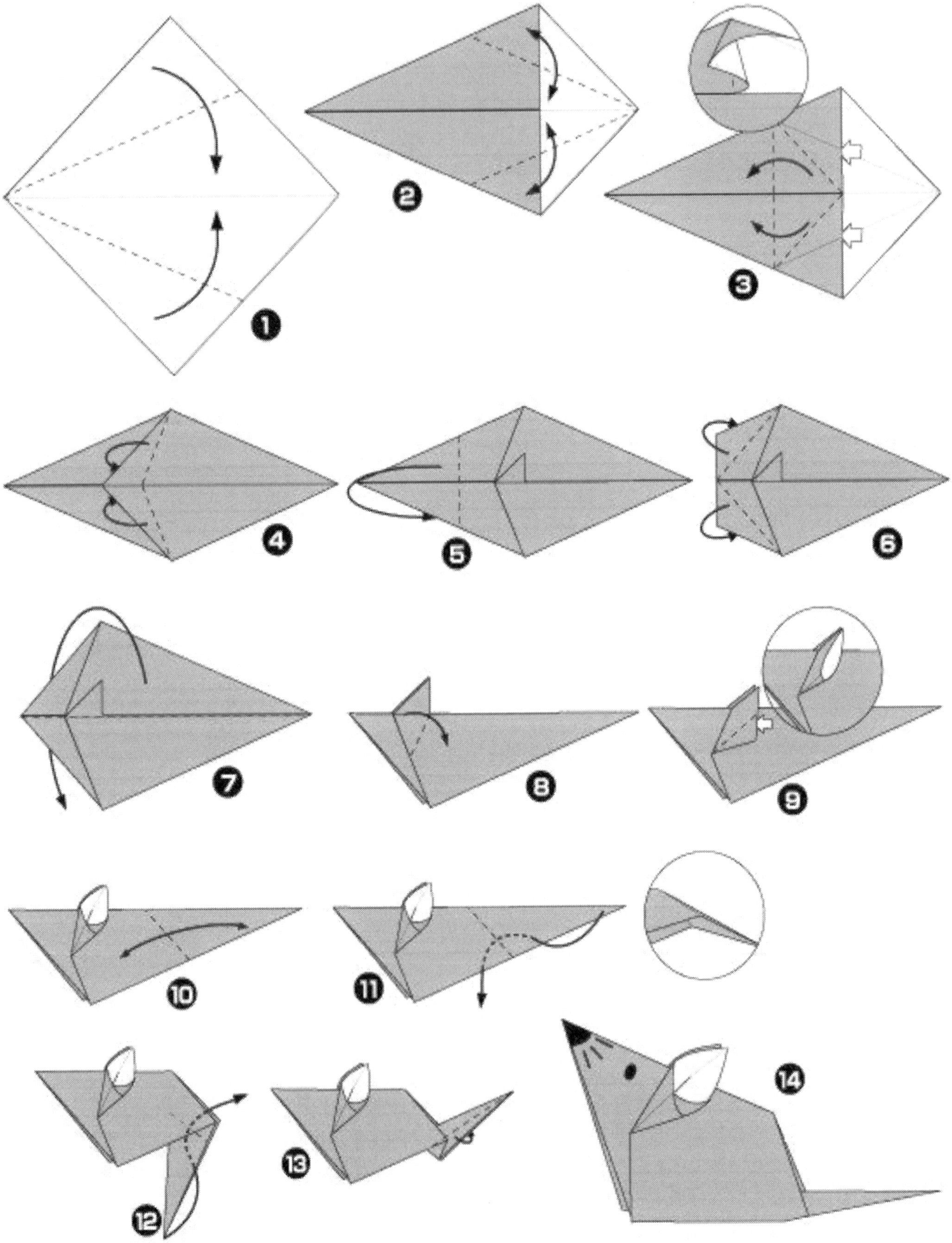
1
2
3
4
5
6
7
8
9
10
11
12
13
14

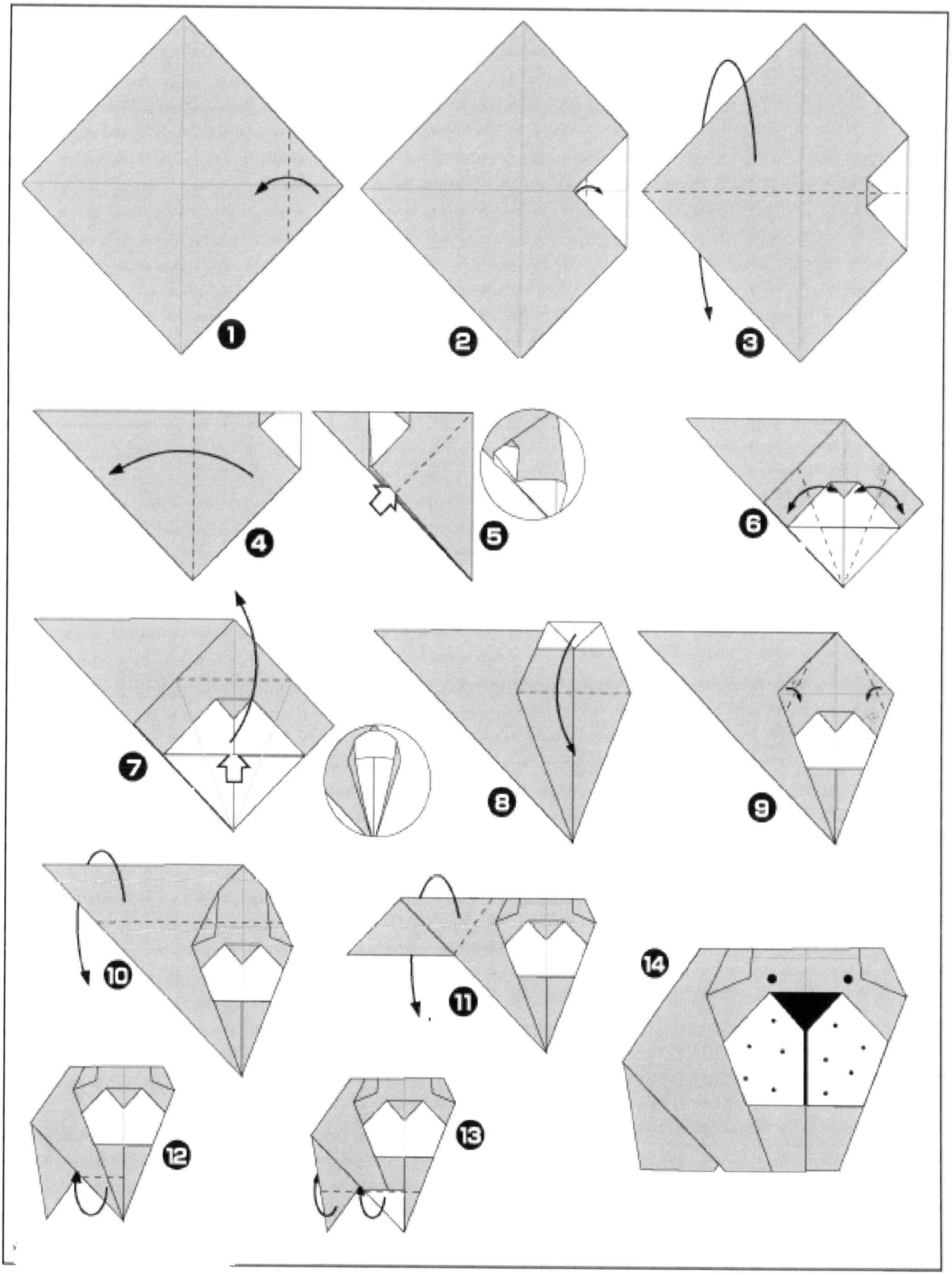
1
2
3
4
5
6
7
8
9
10
11
12
13
14

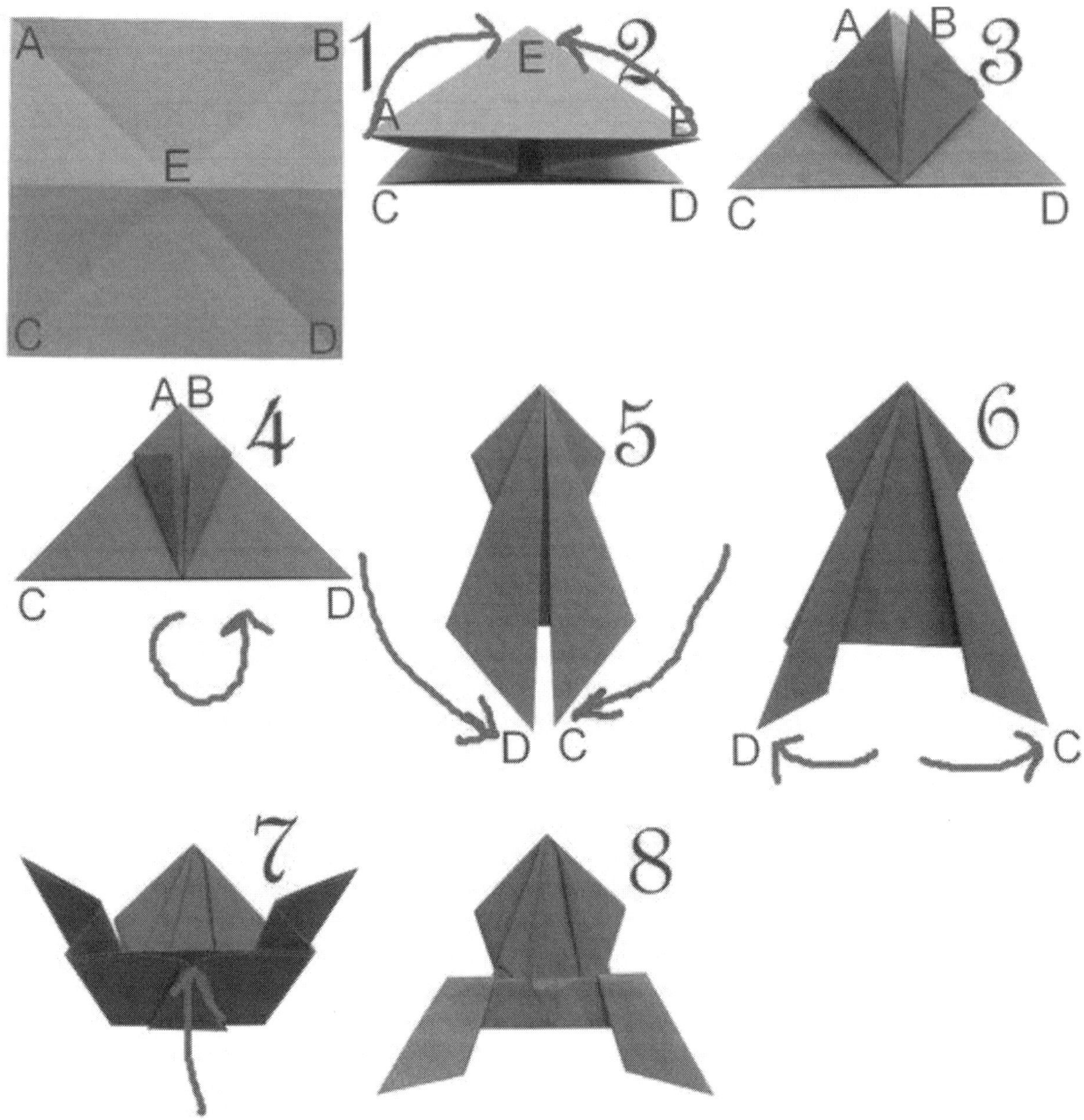

A
B
E
C
D
1
2
3
4
5
6
7
8

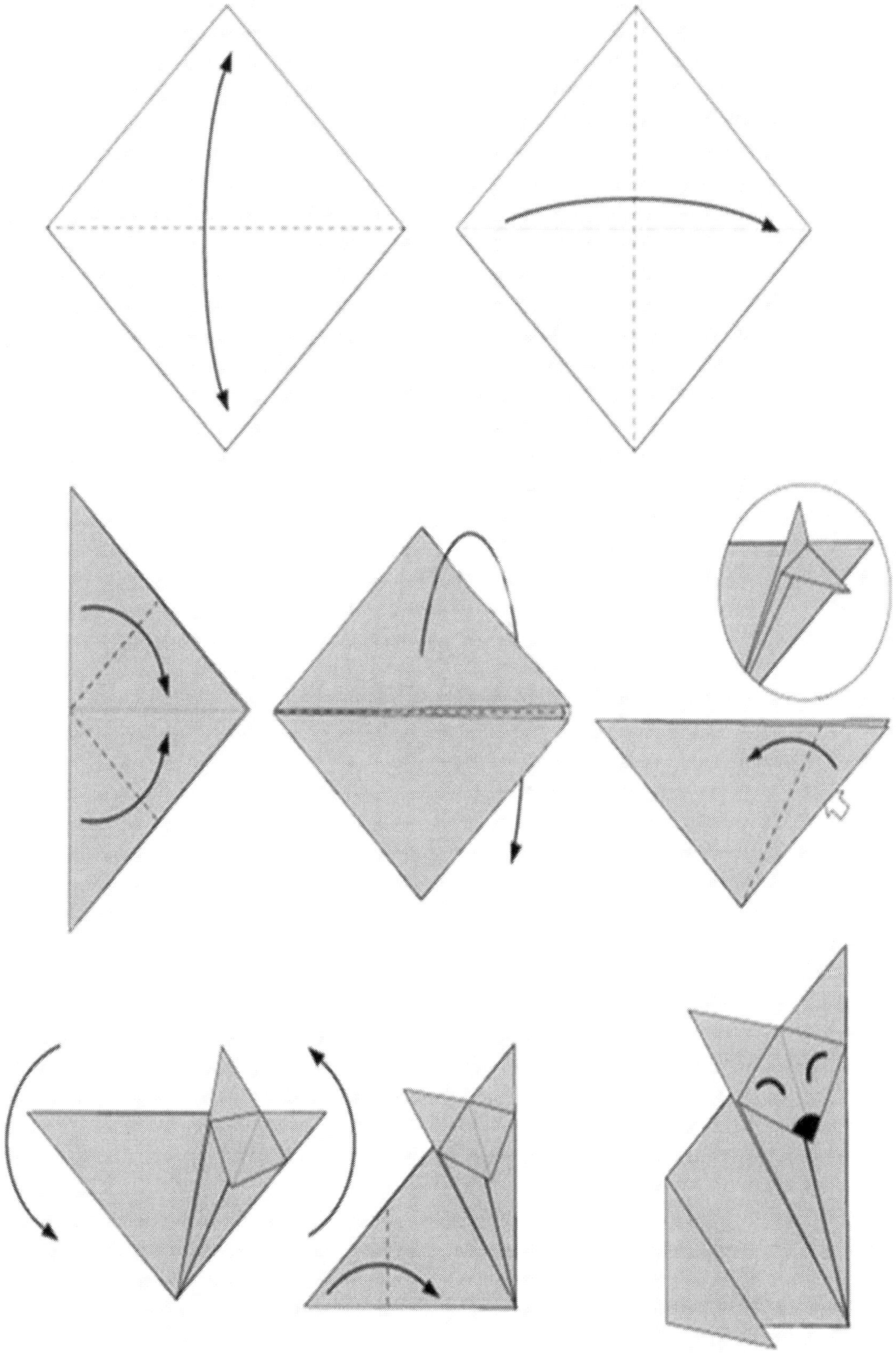

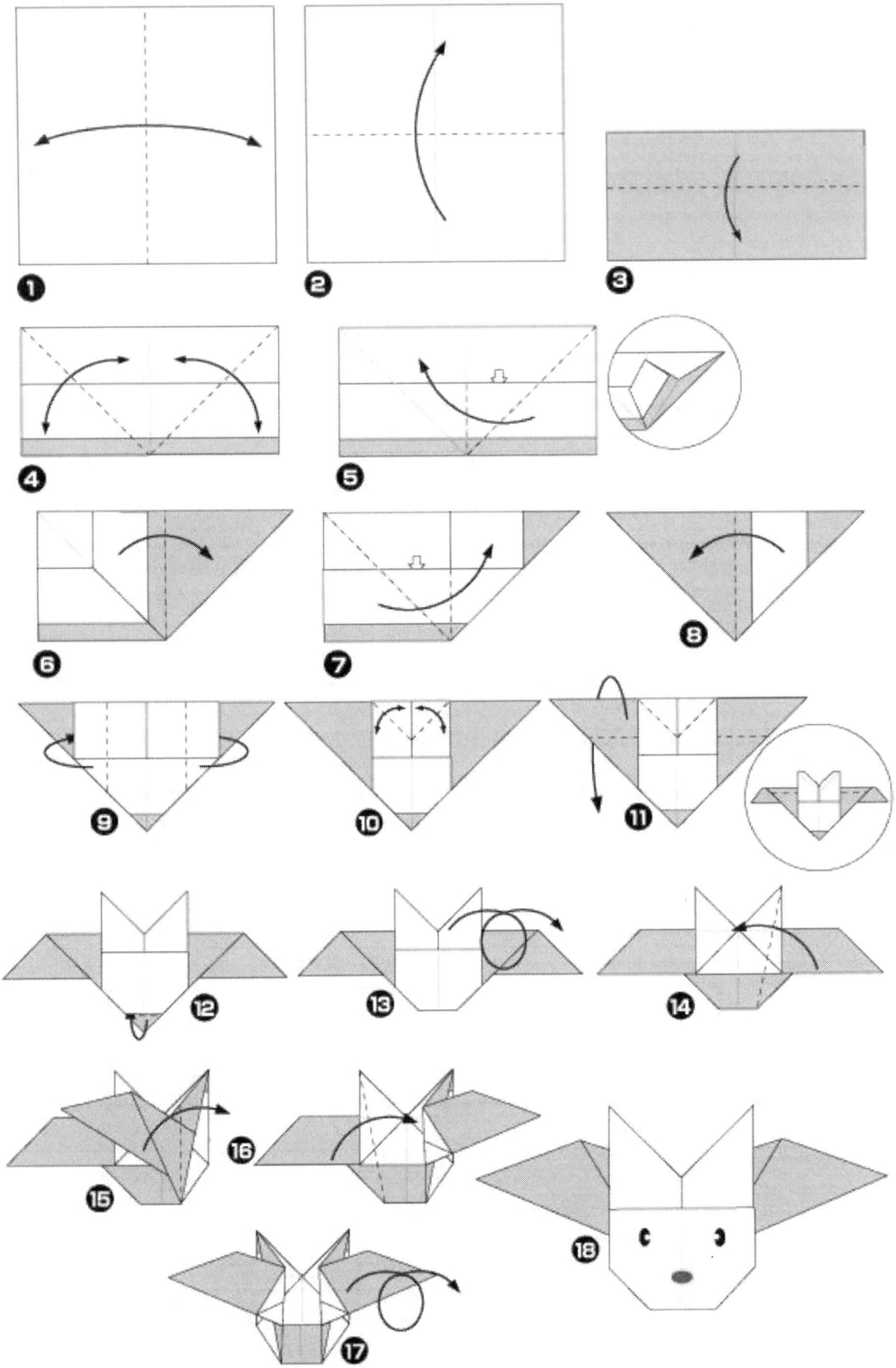
1
2
3
4
5
6
7
8
9
10
11
12
13
14
15
16
17
18

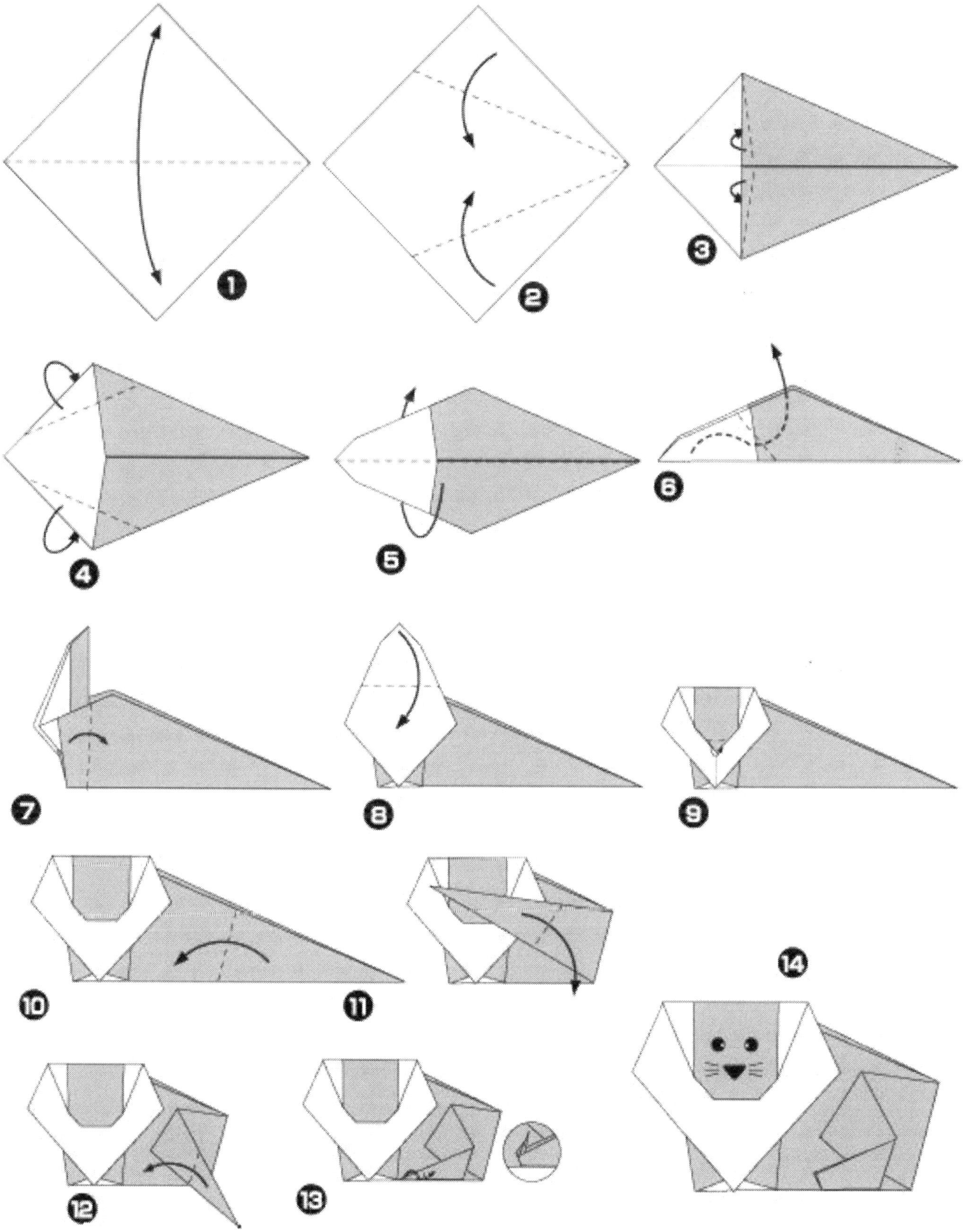
1
2
3
4
5
6
7
8
9
10
11
12
13
14

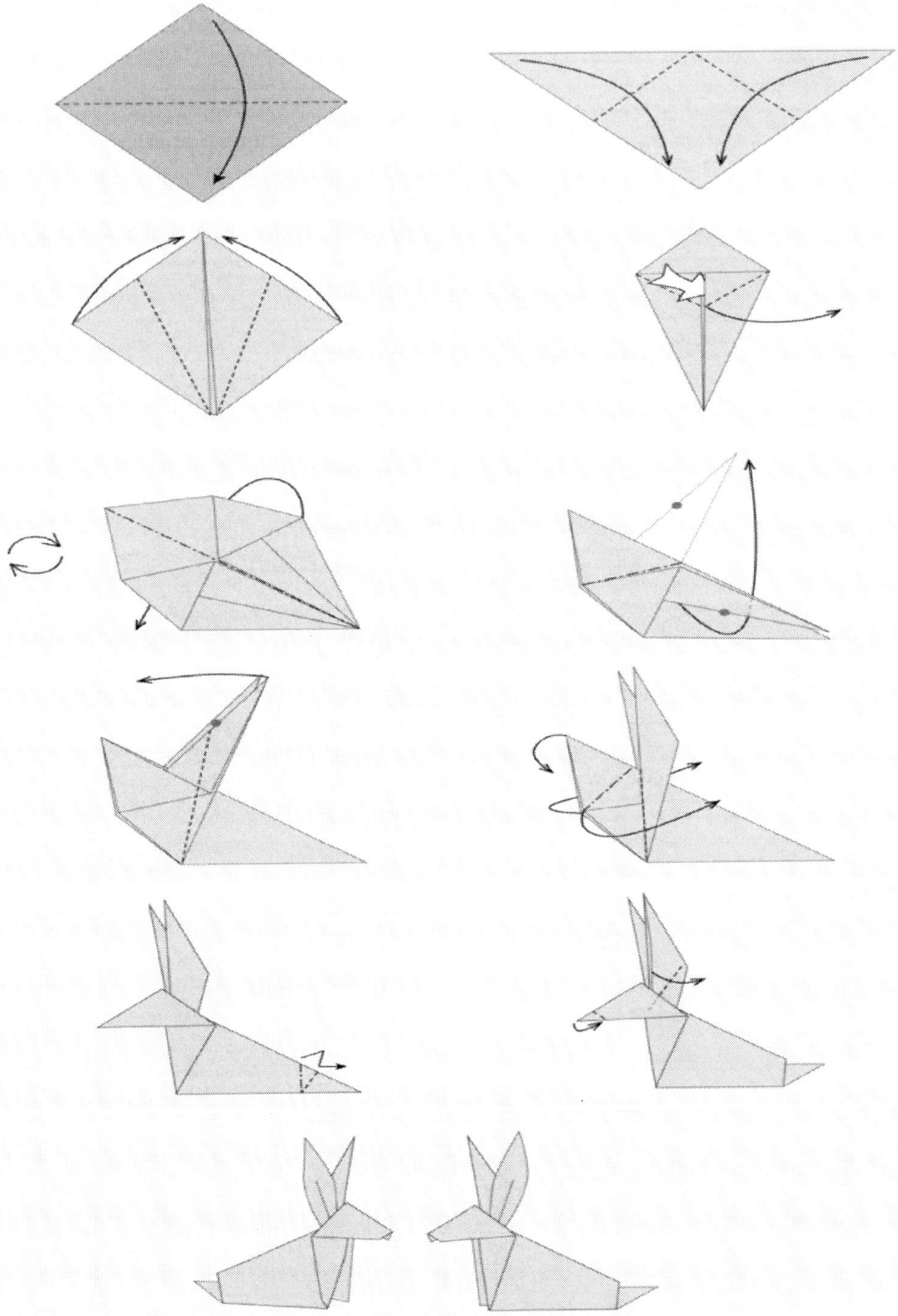

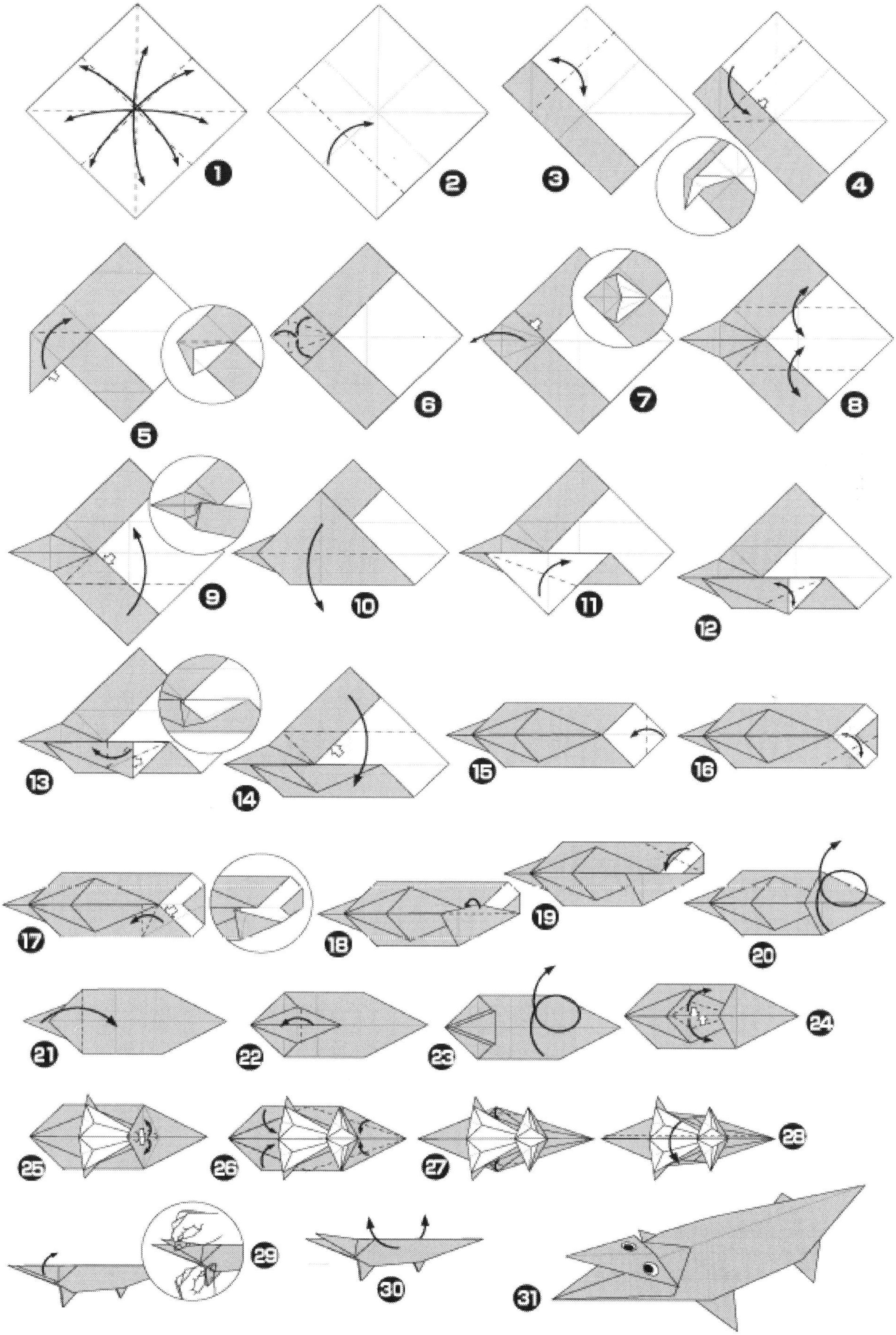
1
2
3
4
5
6
7
8
9
10
11
12
13
14
15
16
17
18
19
20
21
22
23
24
25
26
27
28
29
30
31

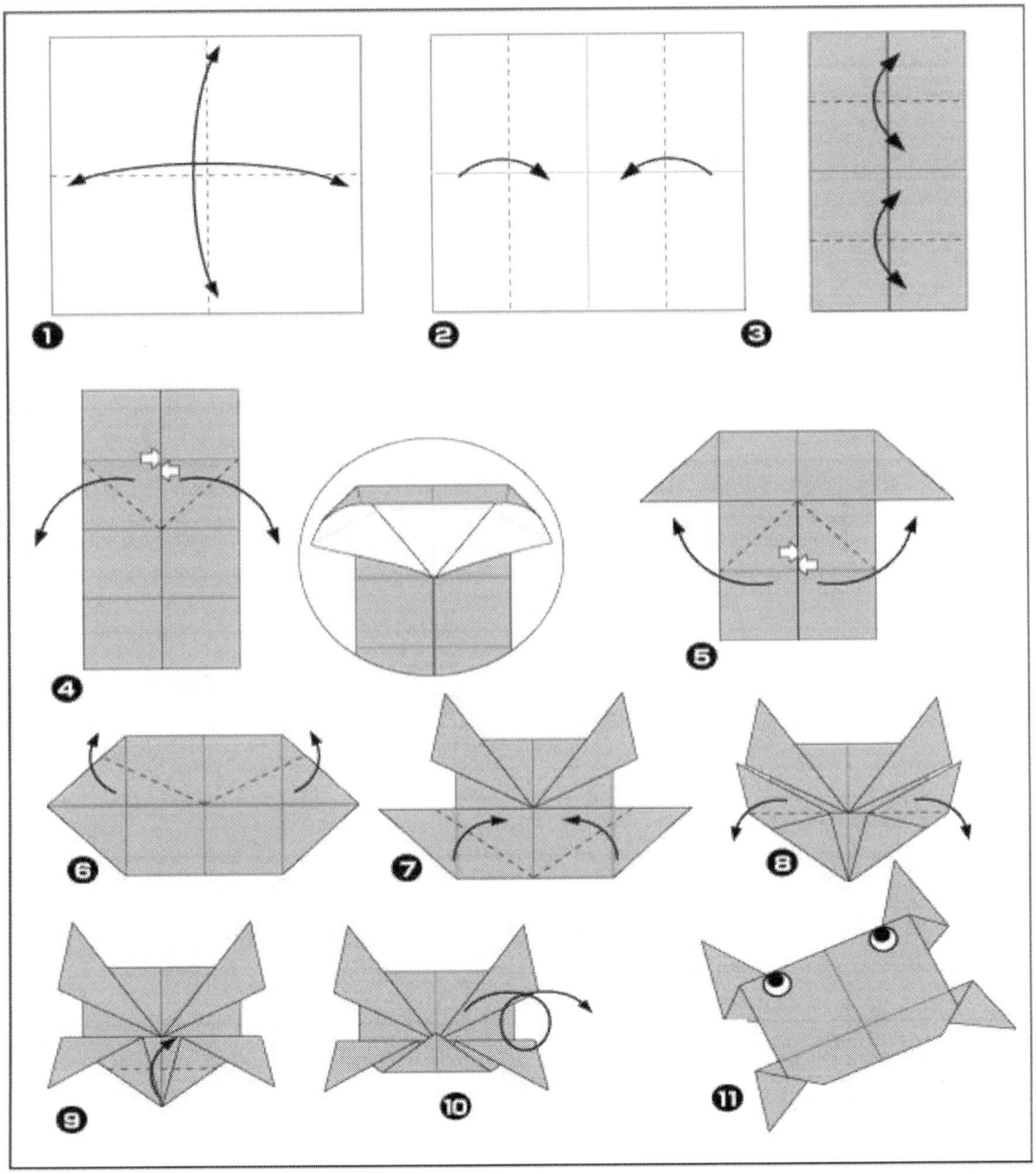
1
2
3
4
5
6
7
8
9
10
11

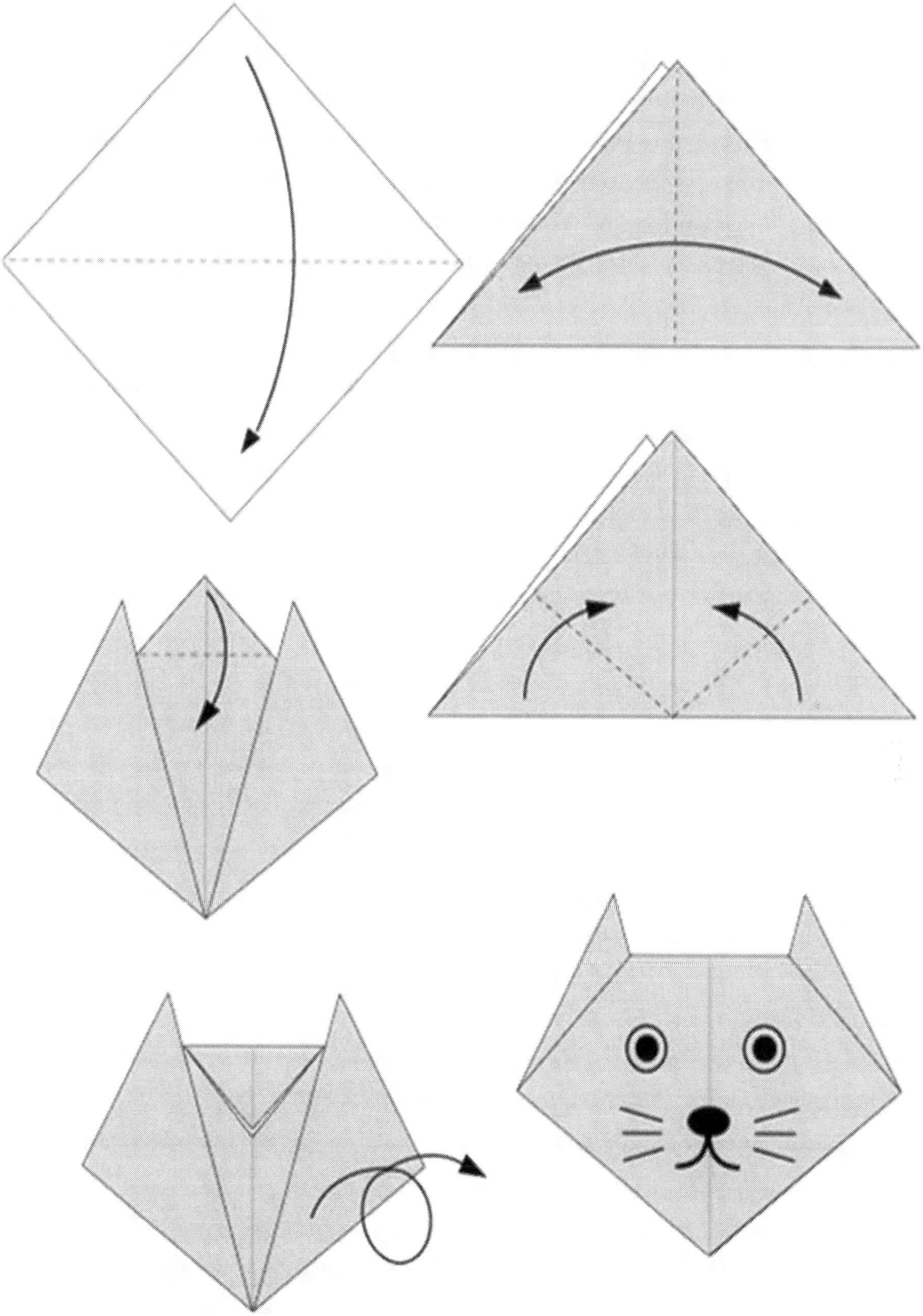

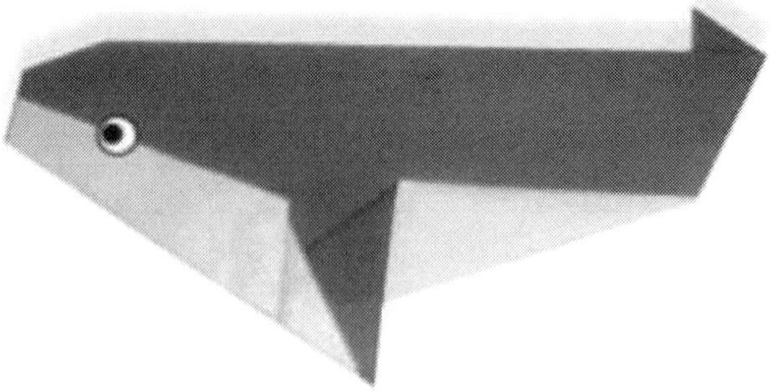

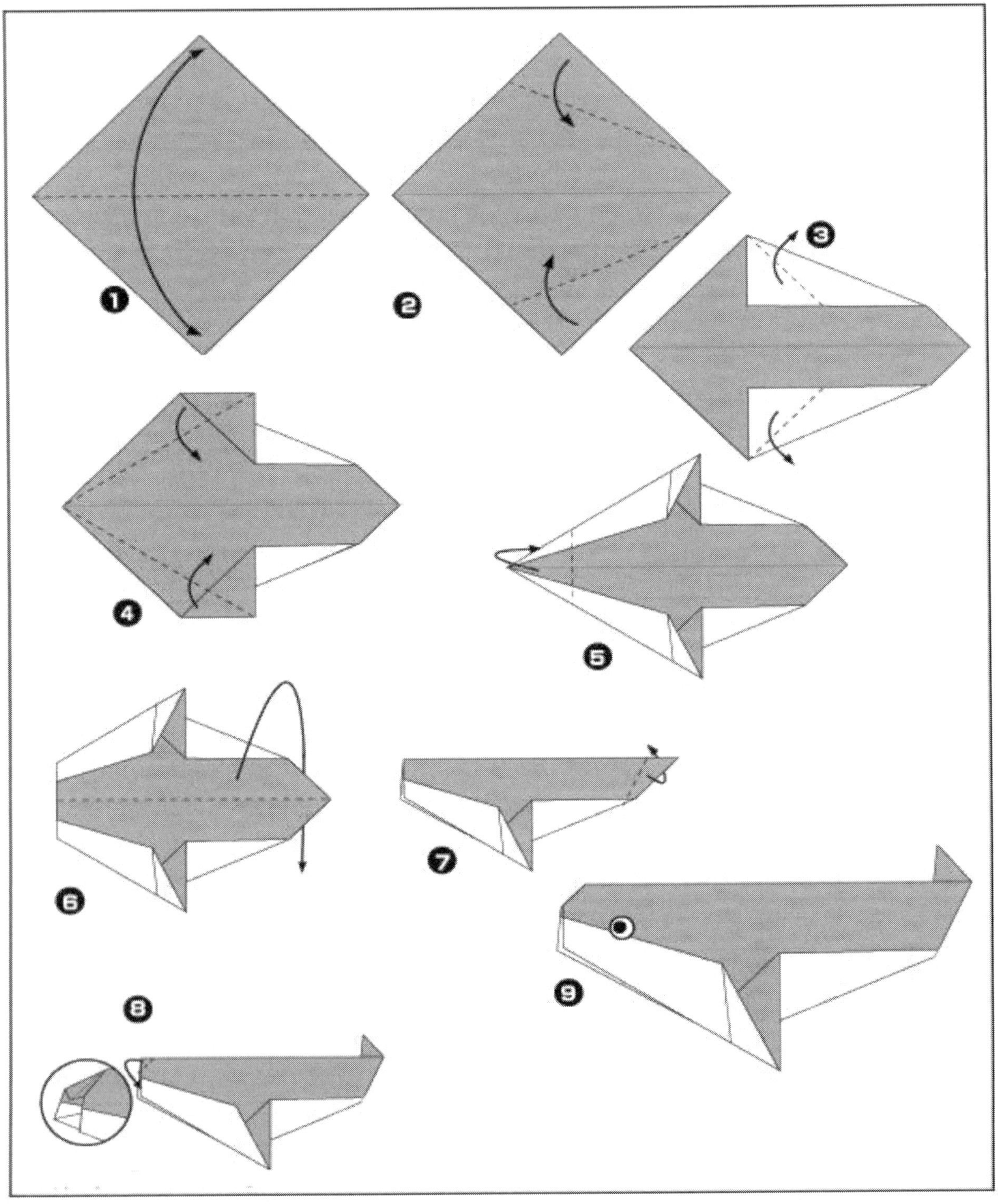
1
2
3
4
5
6
7
8
9

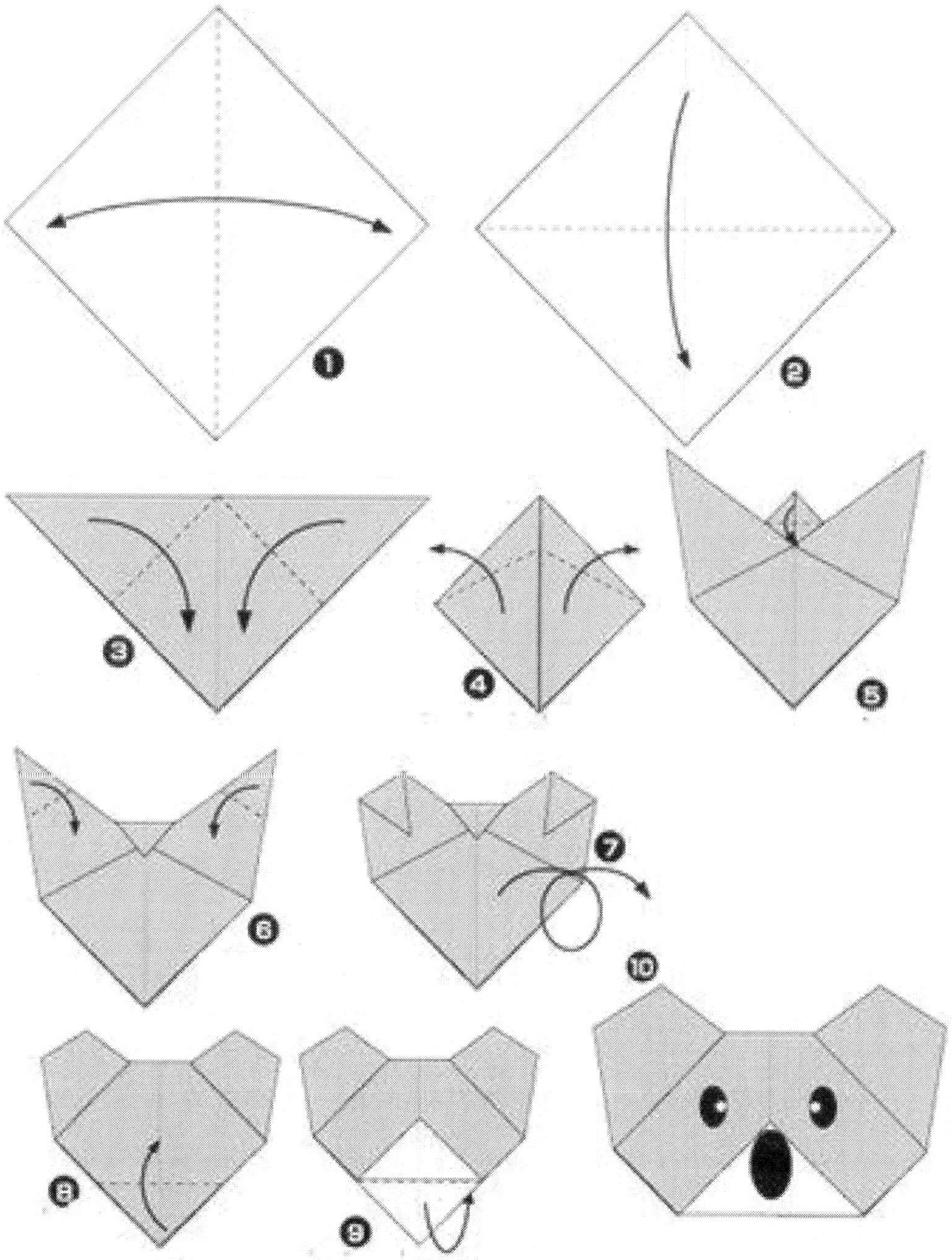
1
2
3
4
5
6
7
8
9
10

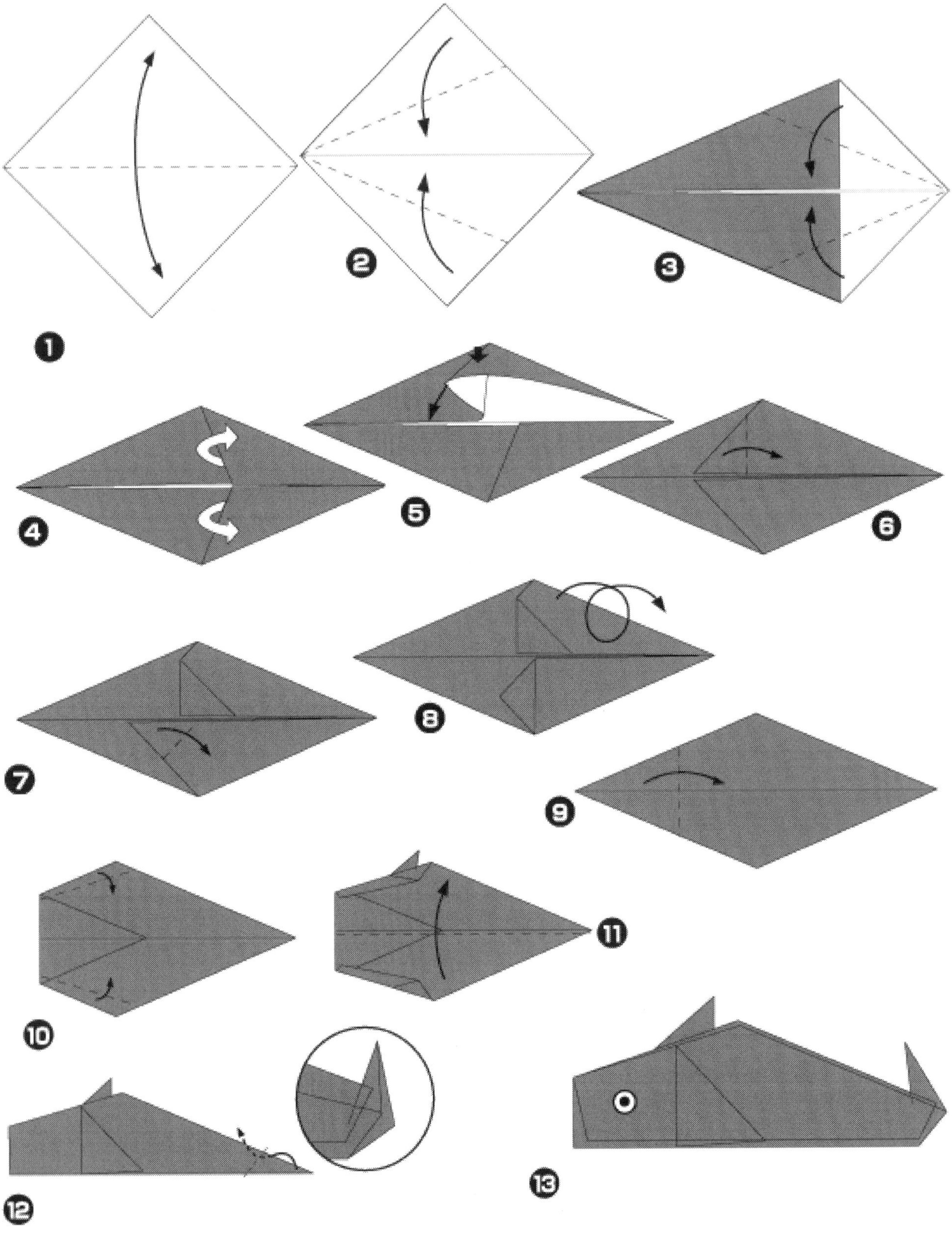
1
2
3
4
5
6
7
8
9
10
11
12
13

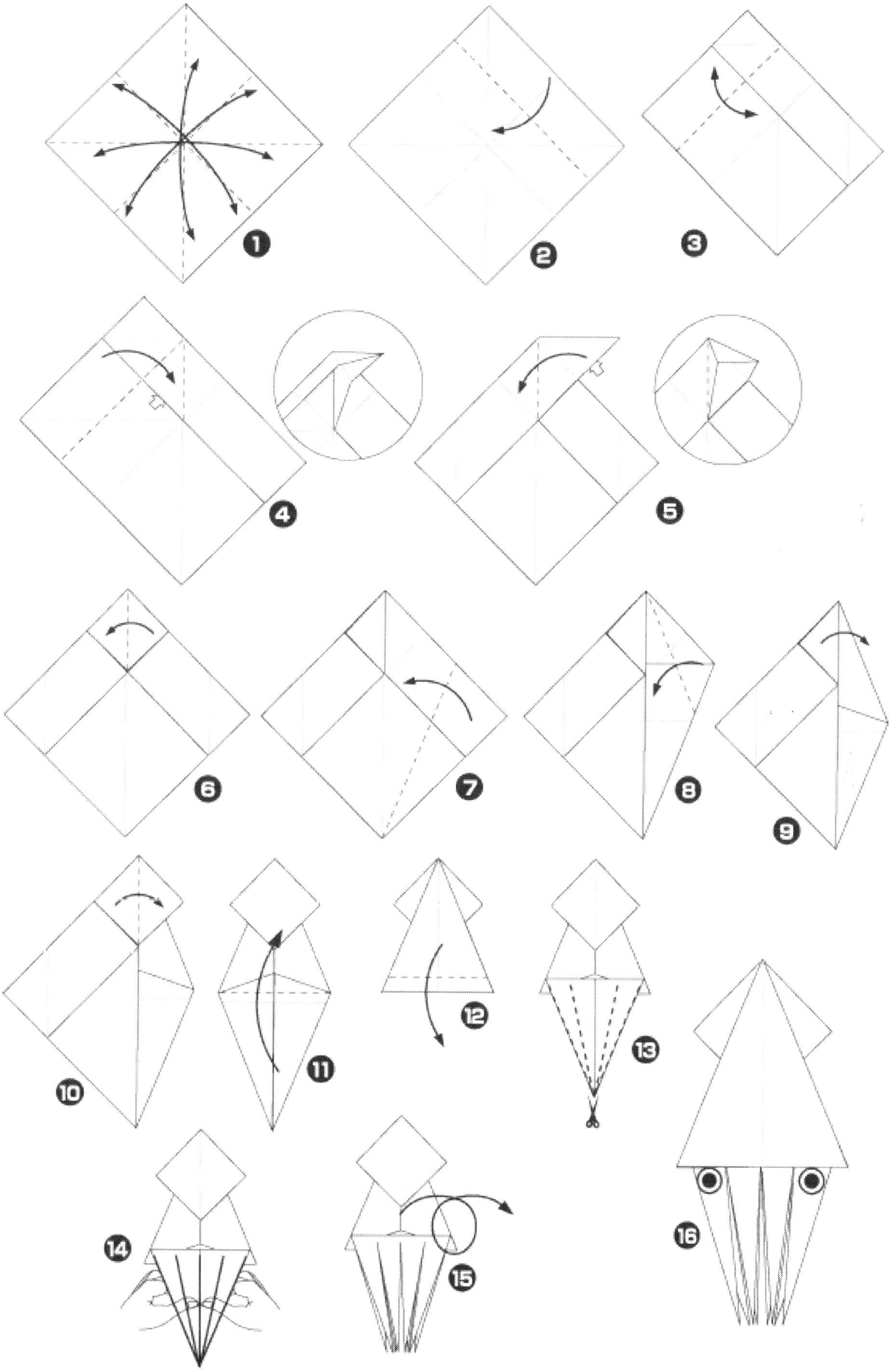
1
2
3
4
5
6
7
8
9
10
11
12
13
14
15
16

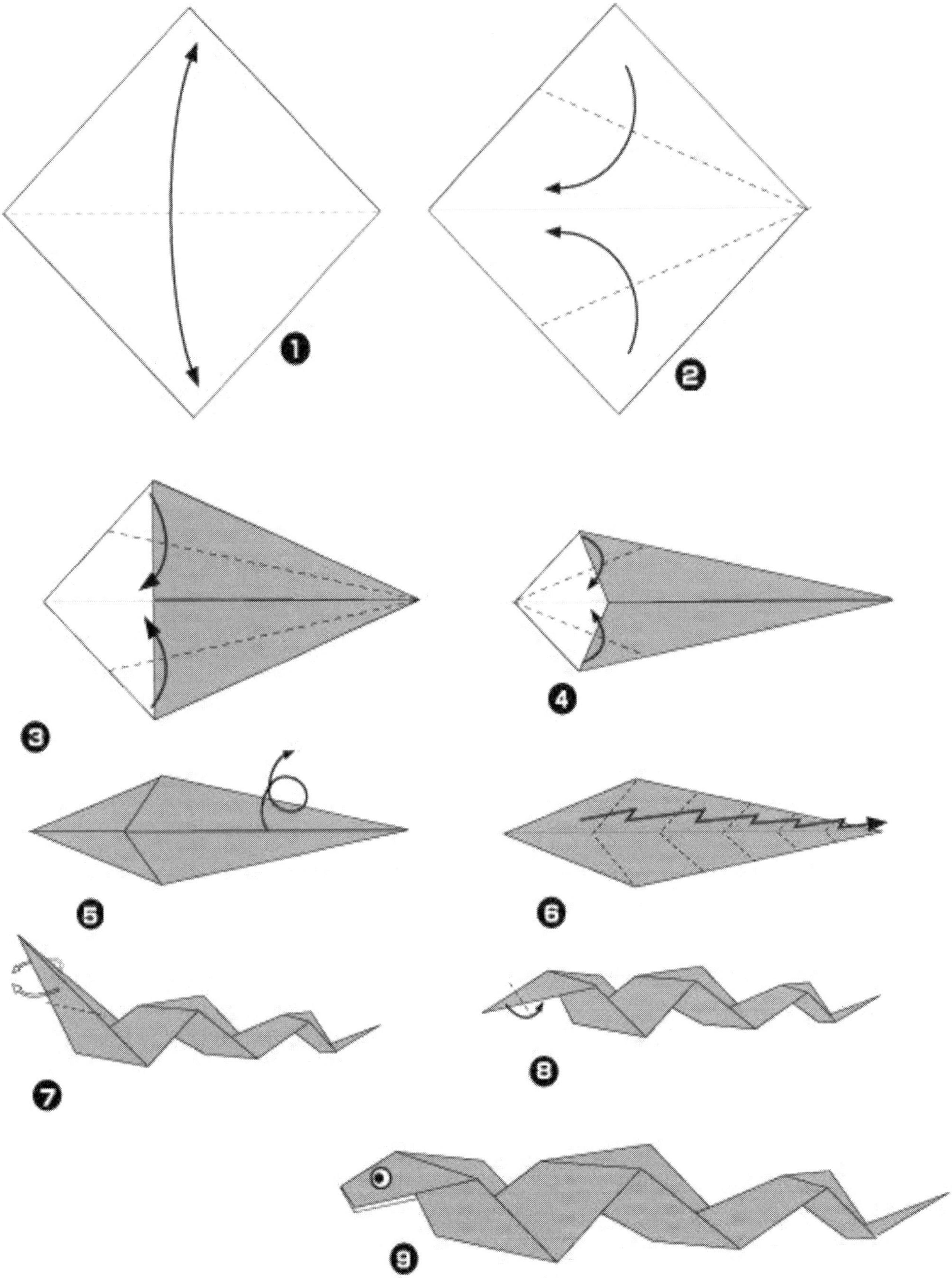
1
2
3
4
5
6
7
8
9

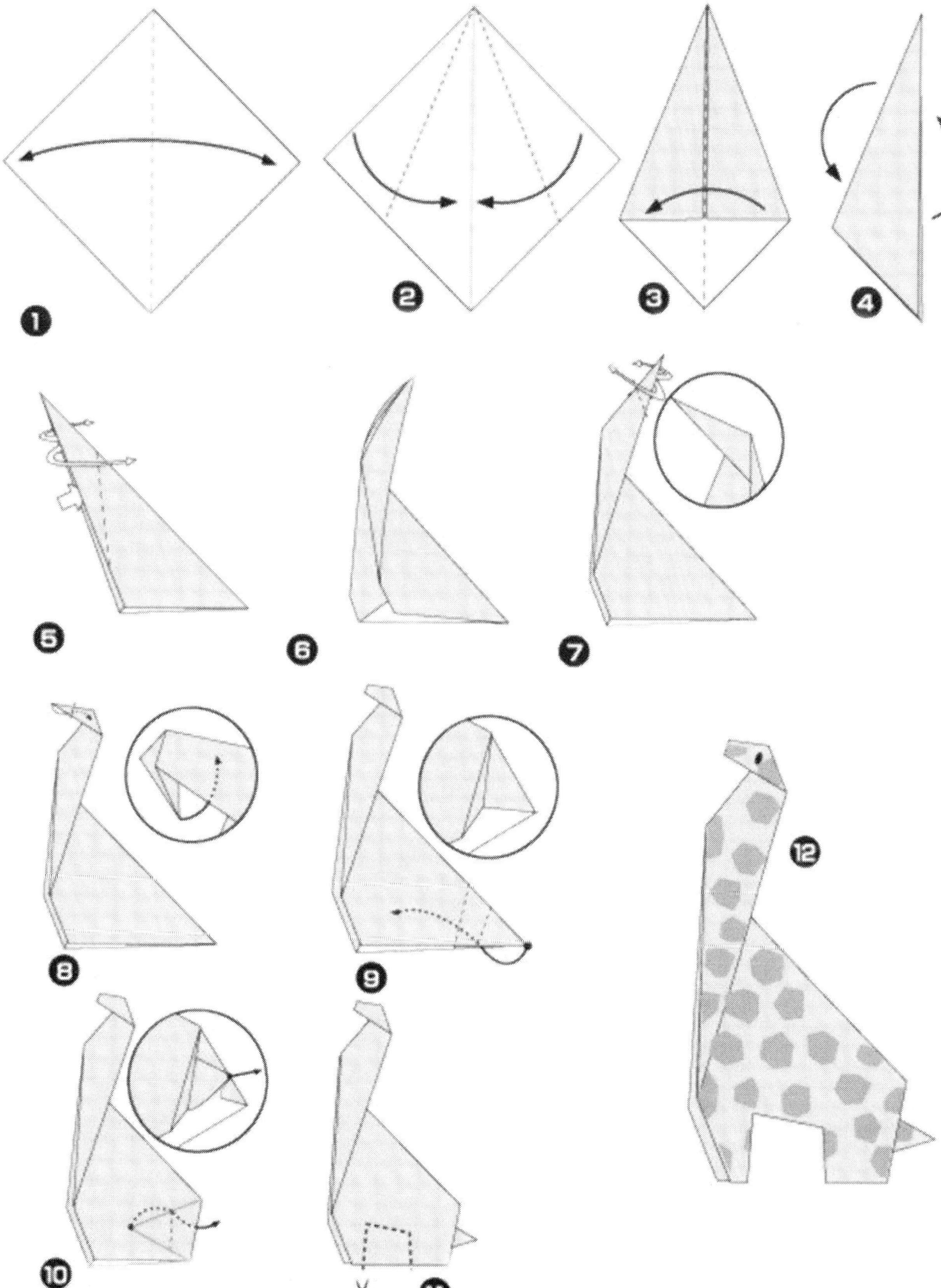
1
2
3
4
5
6
7
8
9
10
11
12

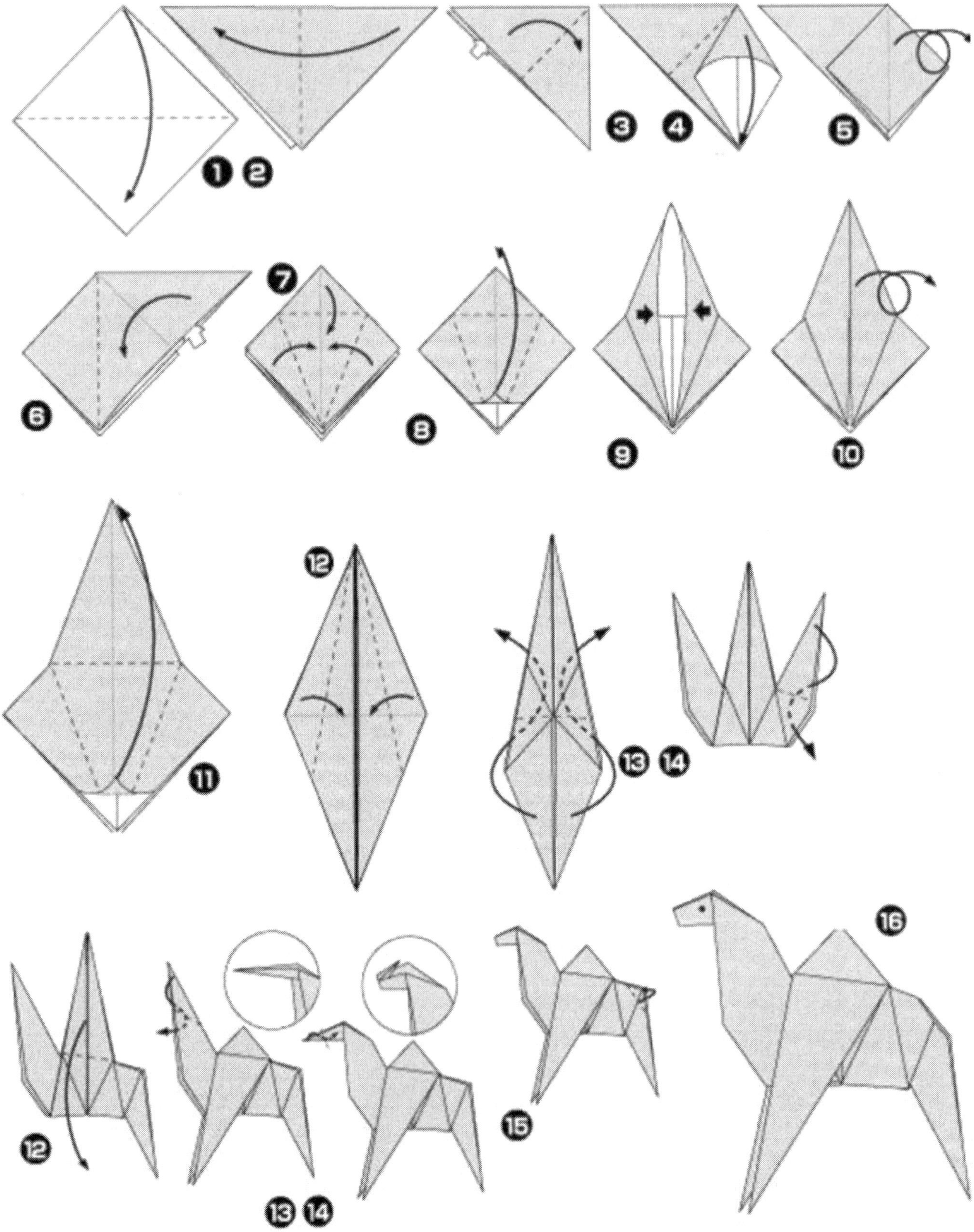
1 2
3 4
5
6
7
8
9
10
11
12
13 14
12
13 14
15
16

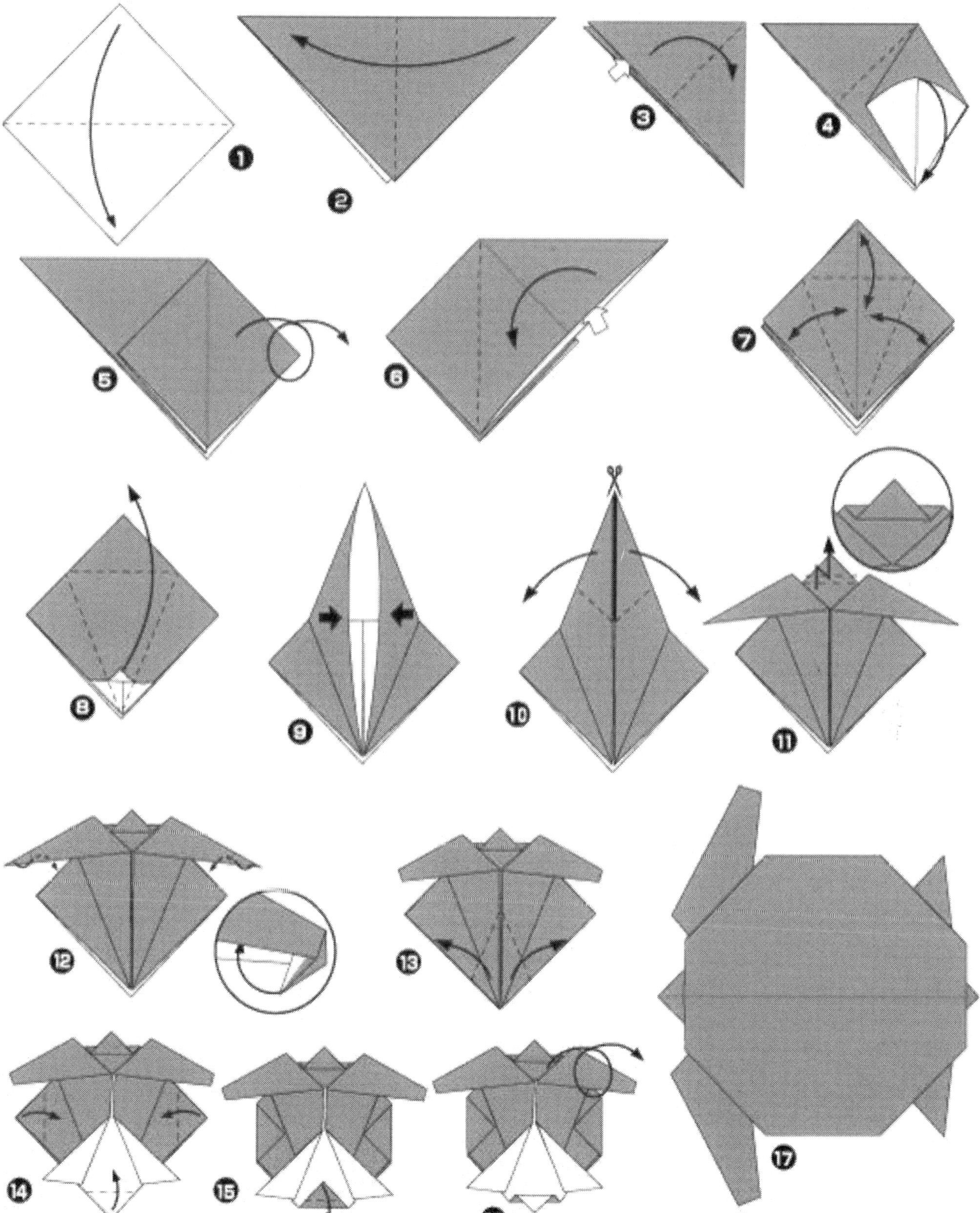
1
2
3
4
5
6
7
8
9
10
11
12
13
14
15
16
17

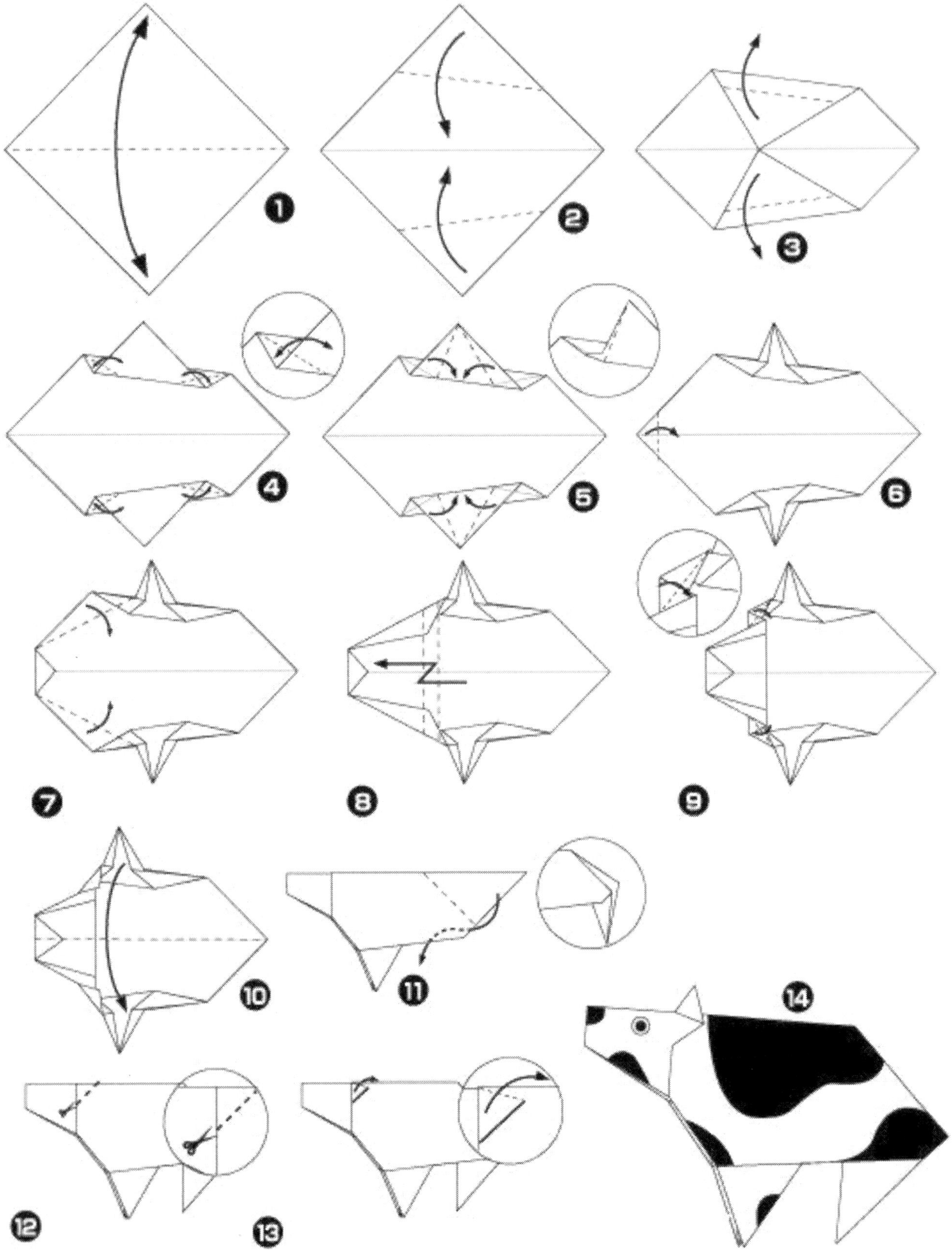
1
2
3
4
5
6
7
8
9
10
11
12
13
14

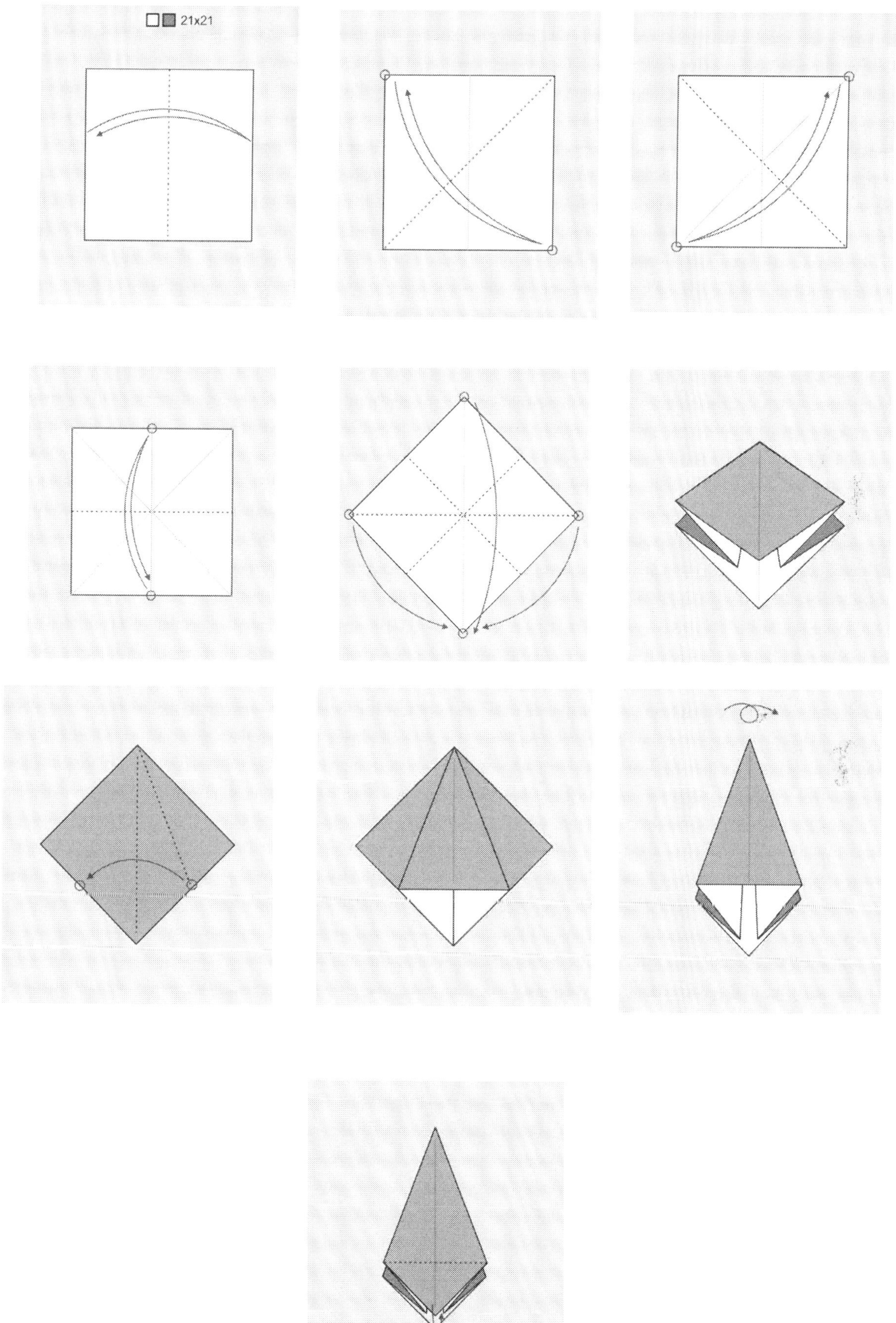
21x21

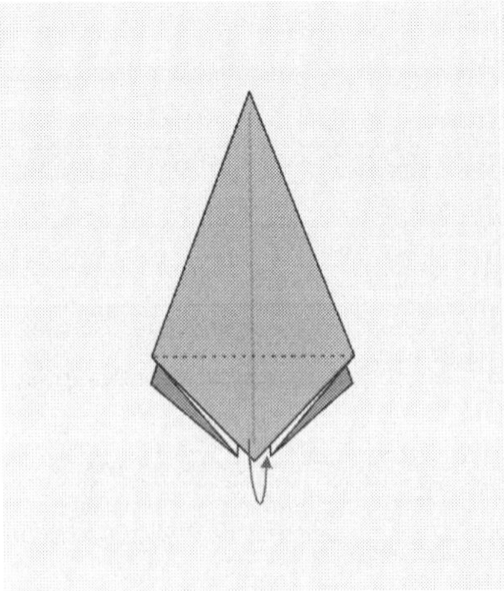
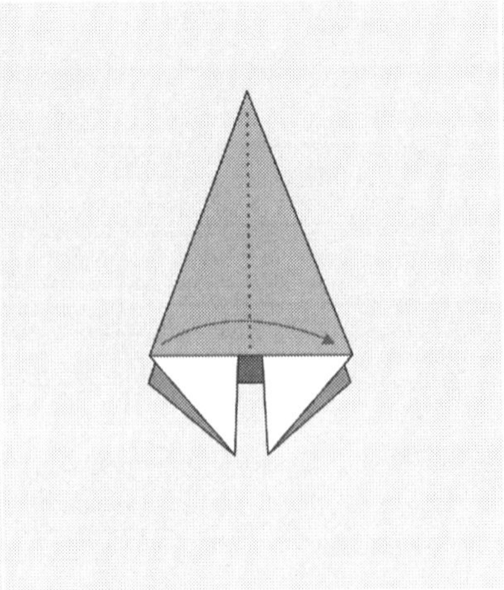
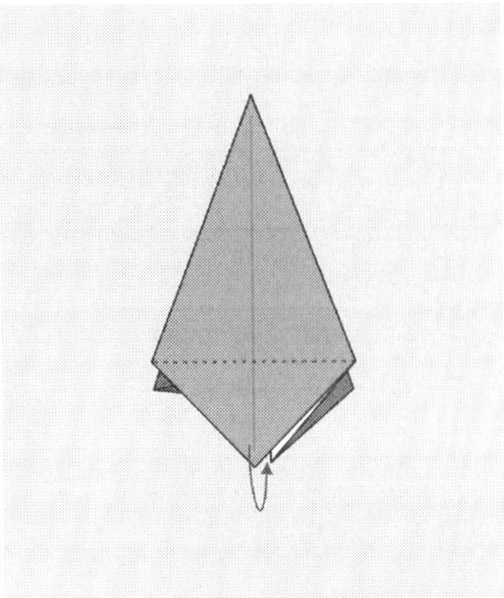
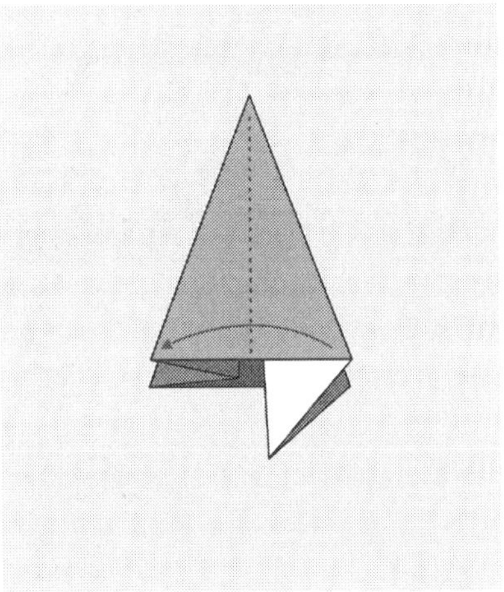
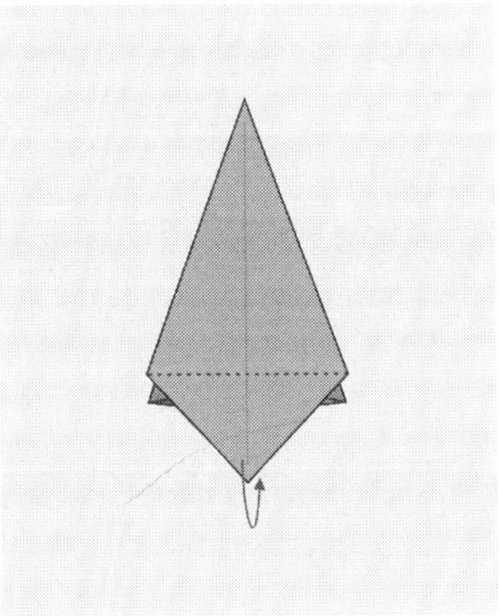
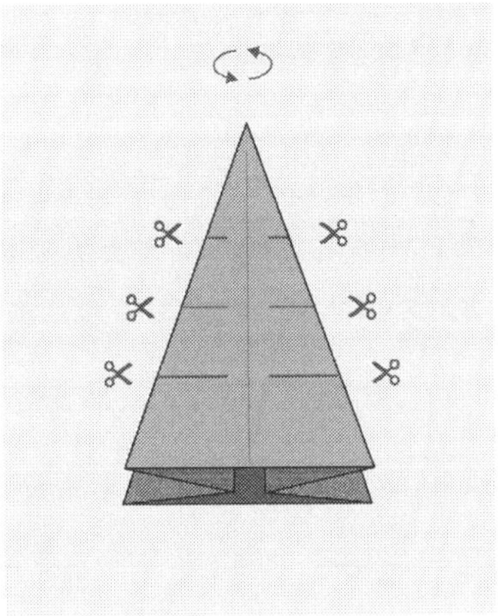
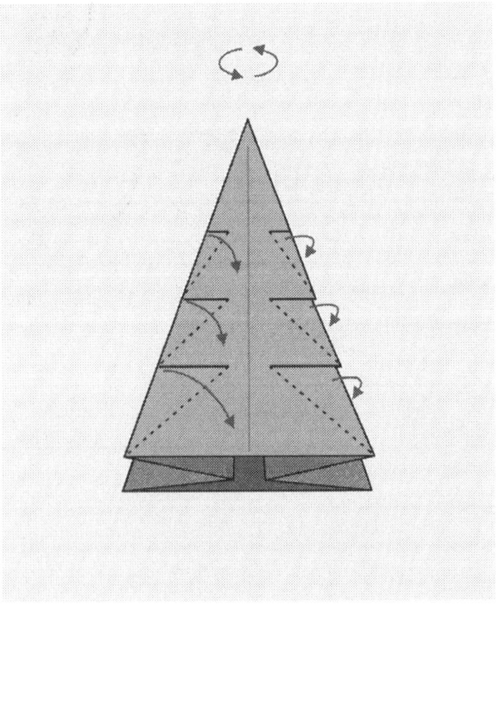

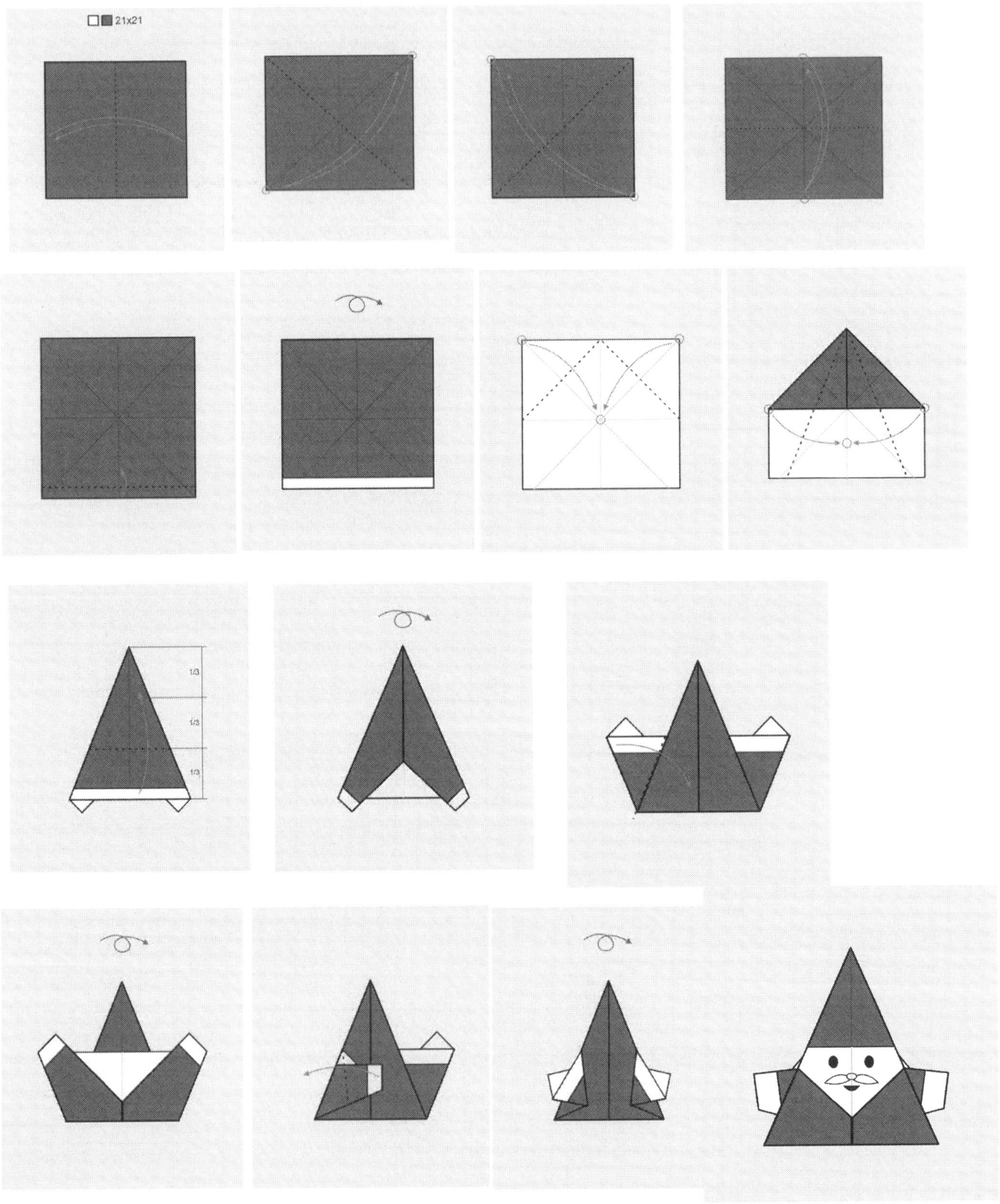
21x21
1/3
1/3
1/3

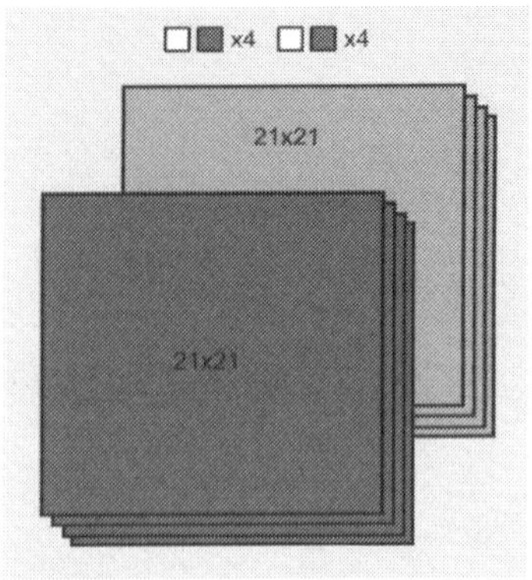
x4
x4
21x21
21x21

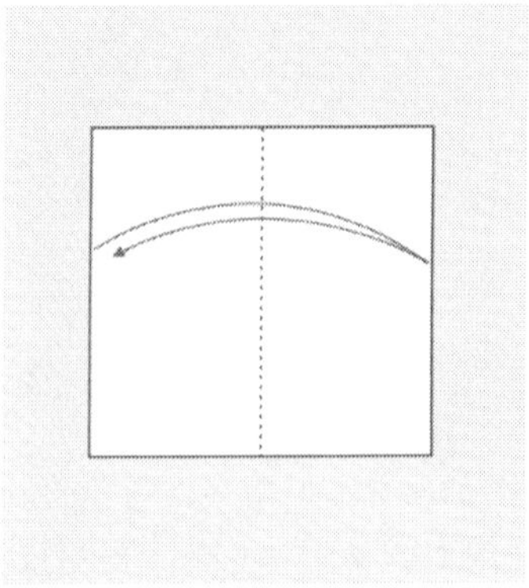

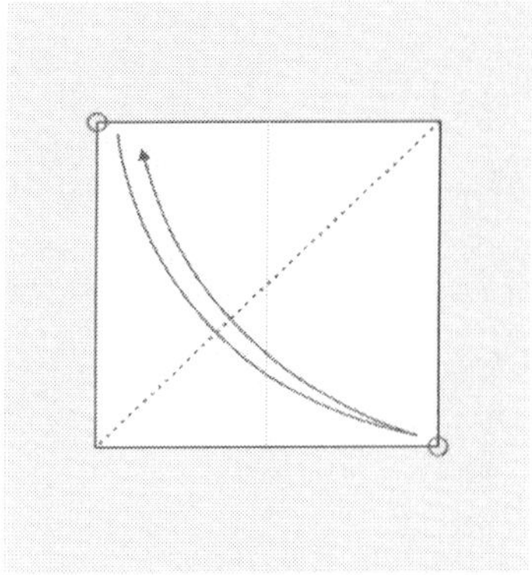

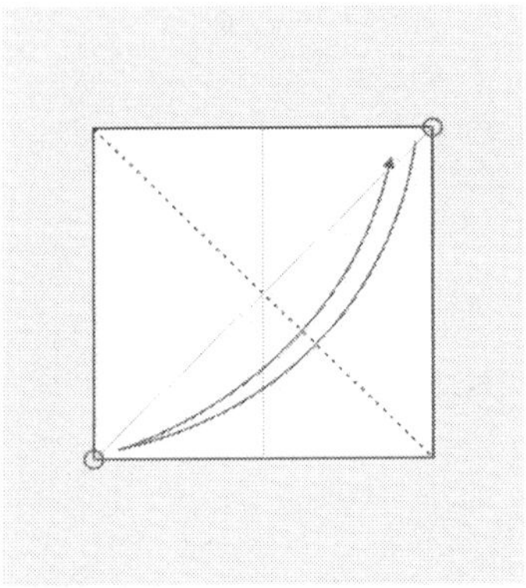

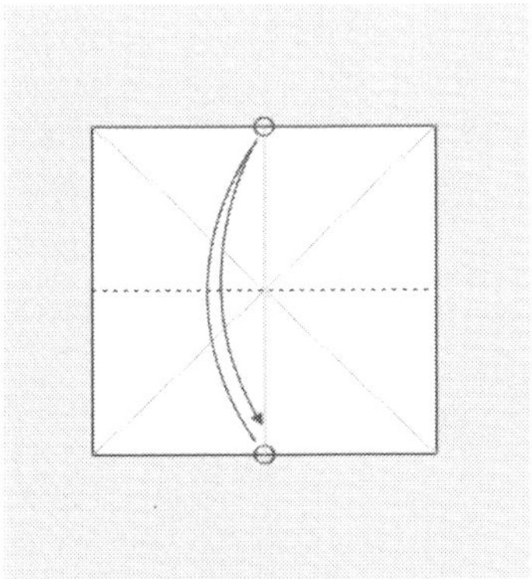

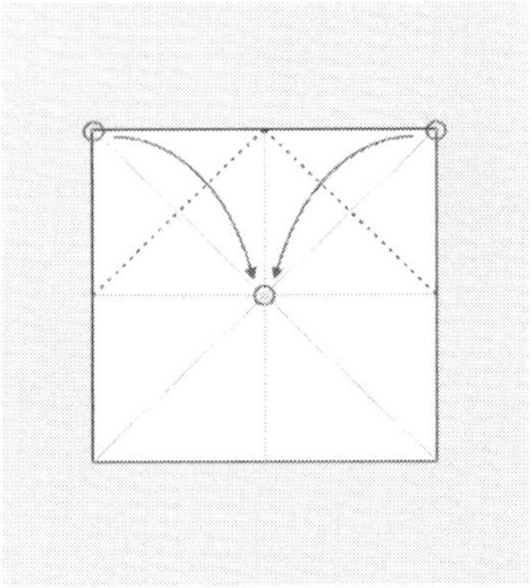

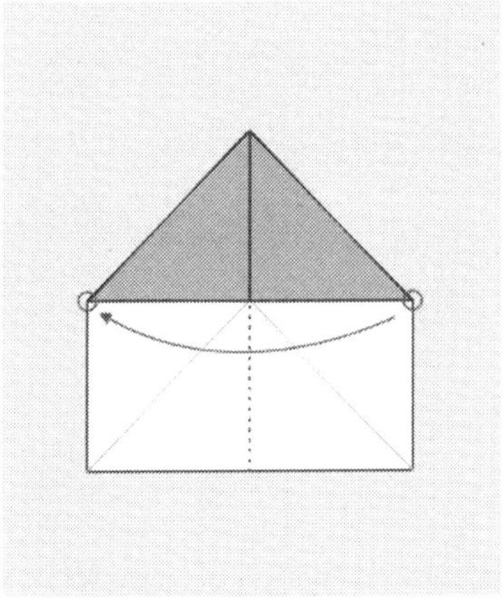

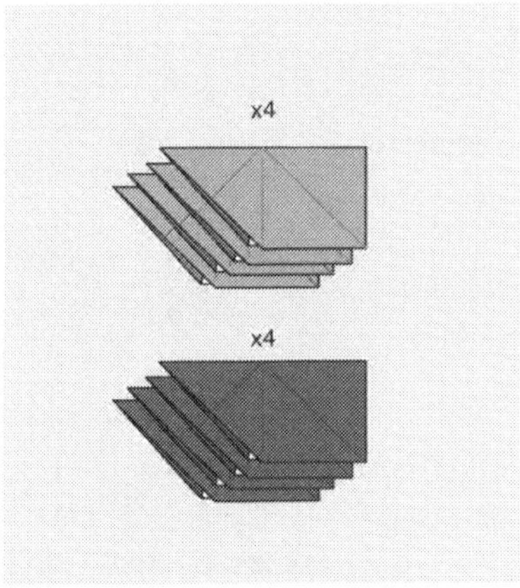
x4
x4

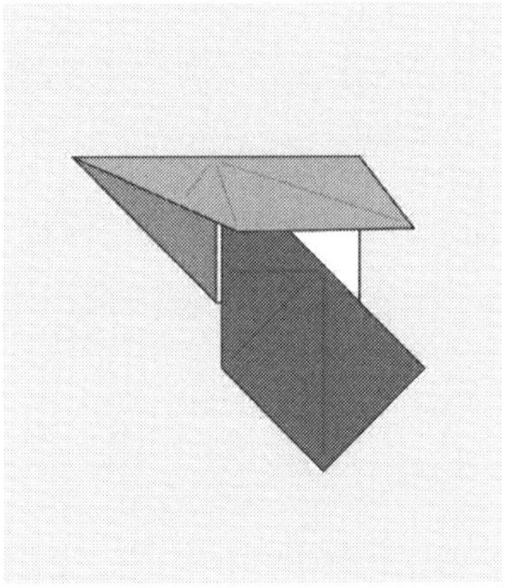

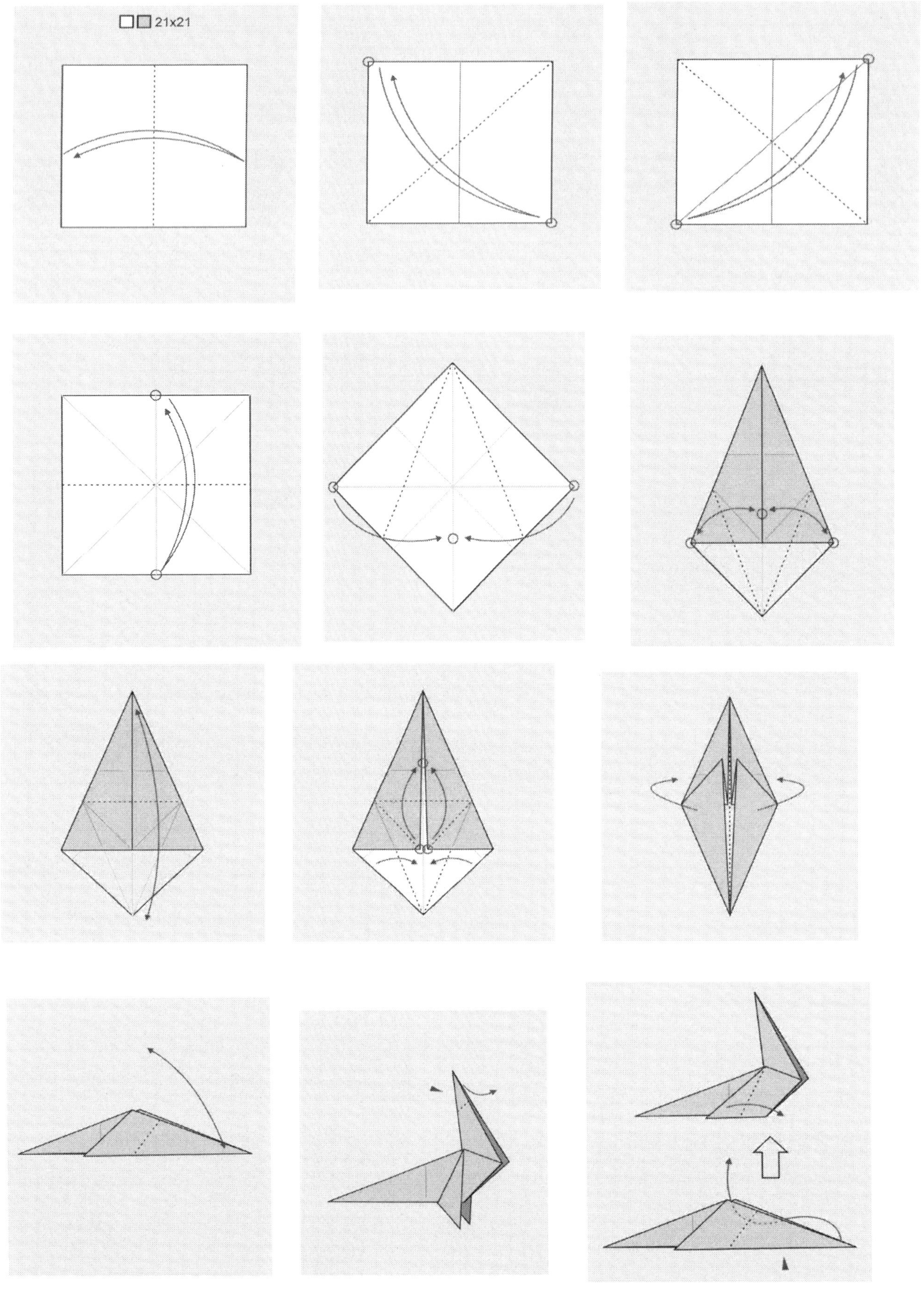
21x21

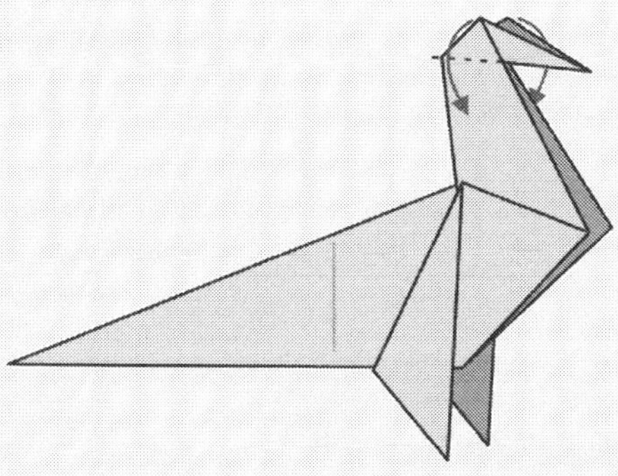

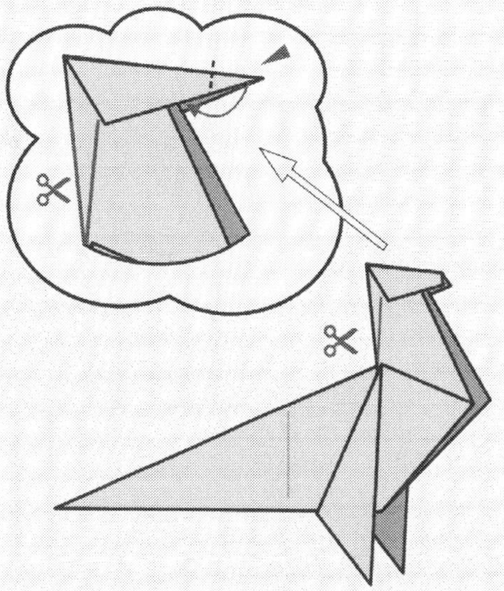

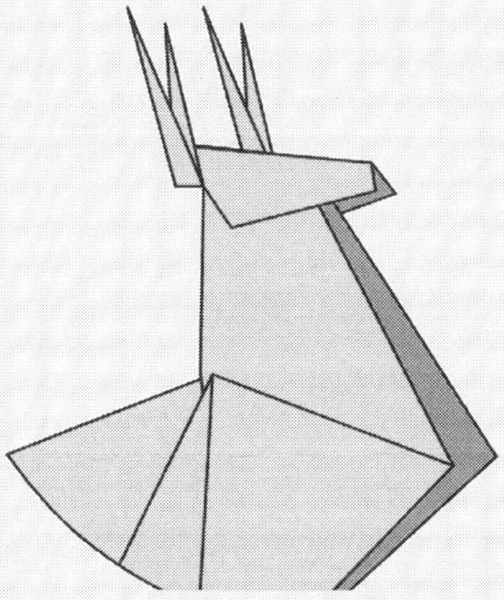

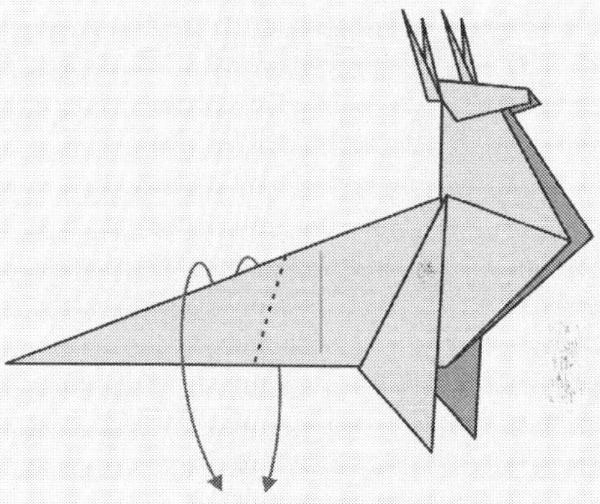

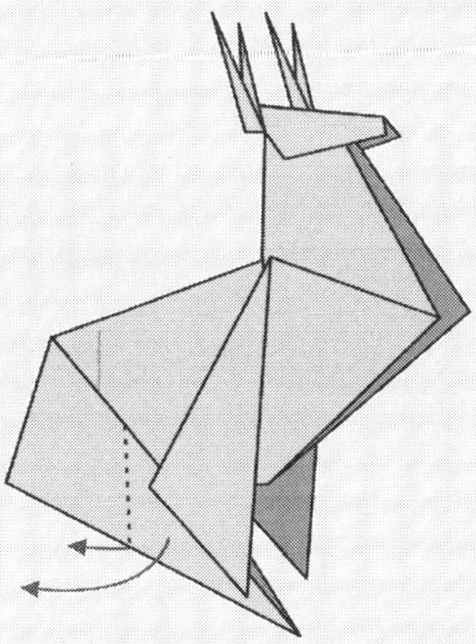

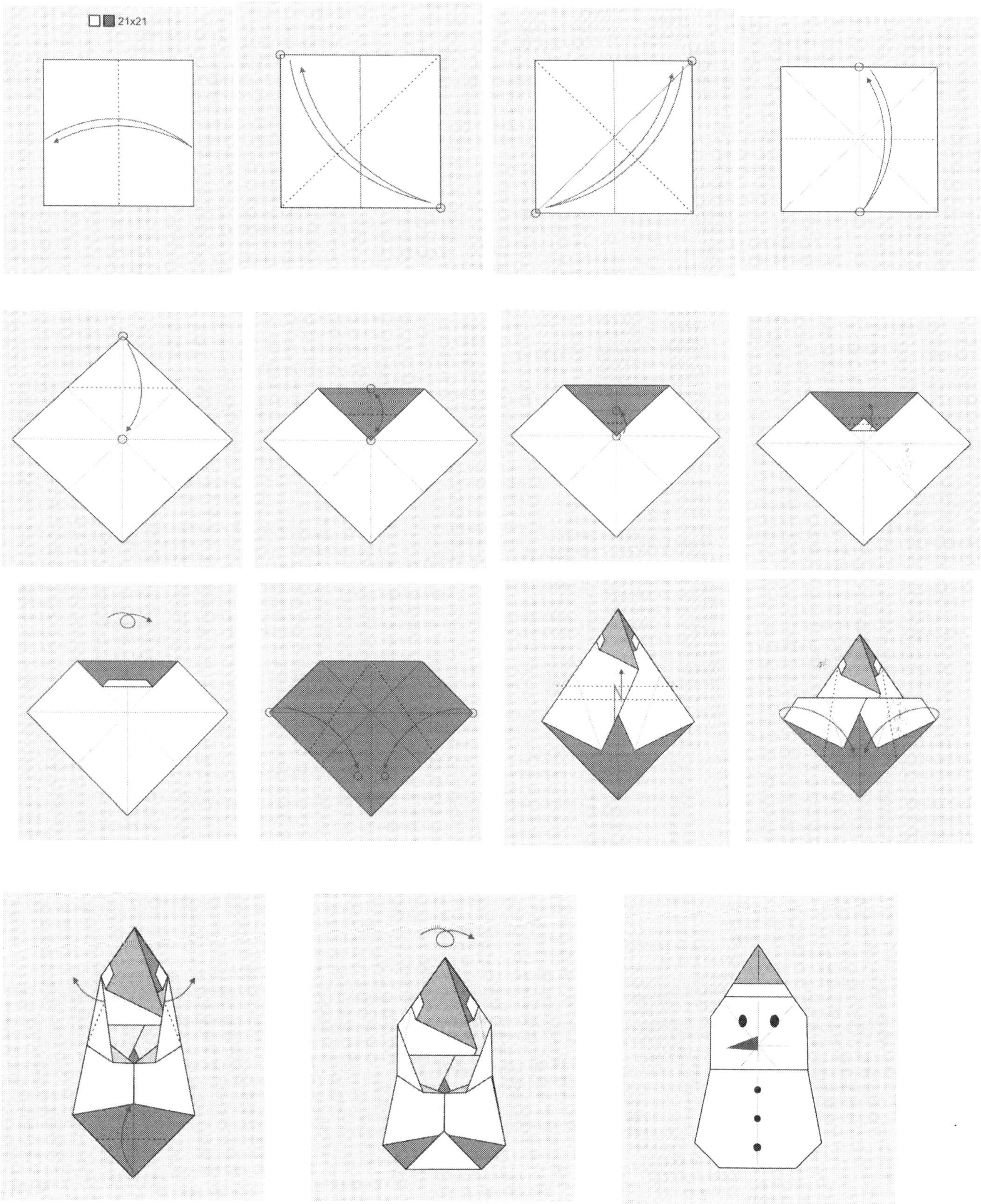
21x21

21x21

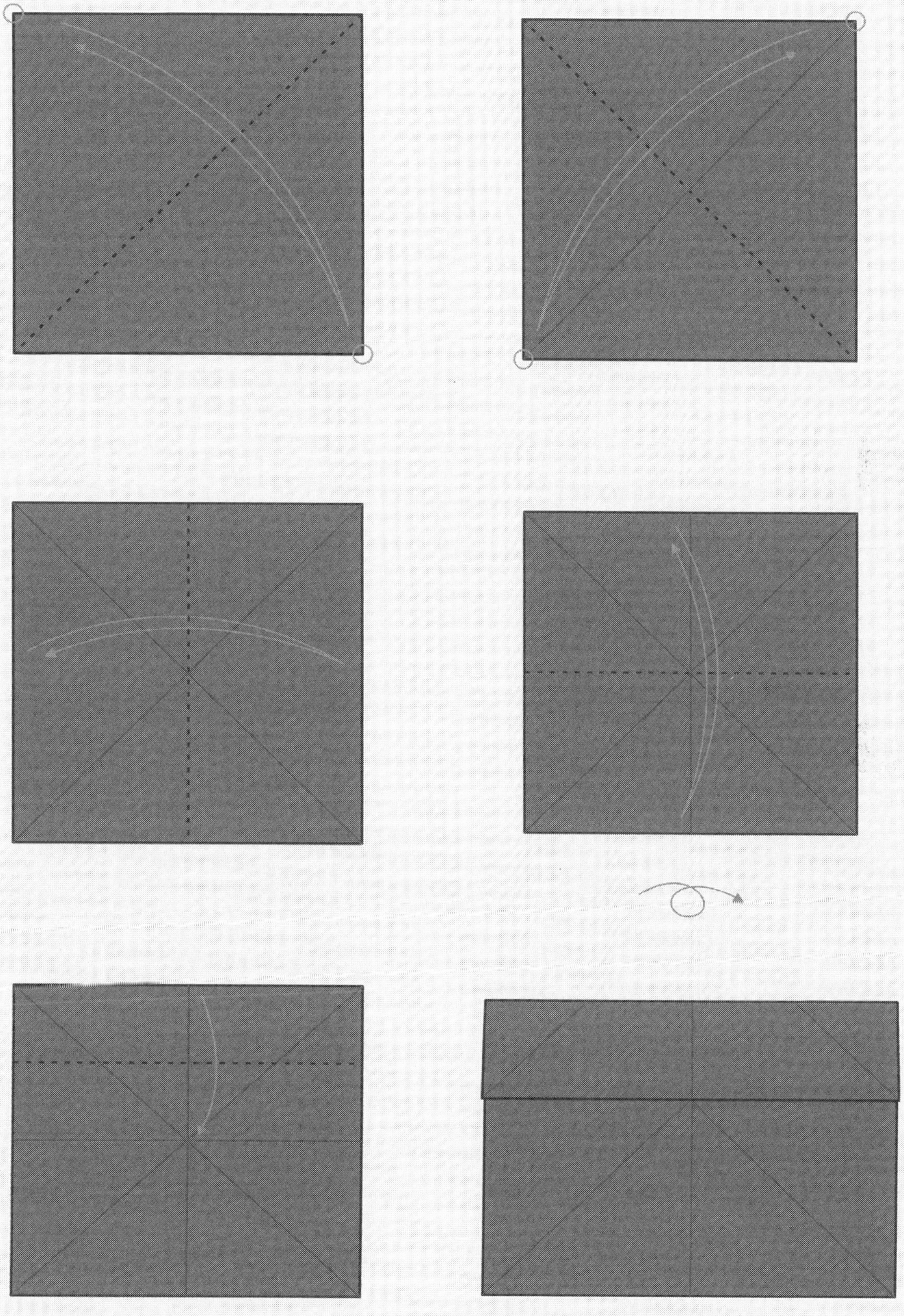

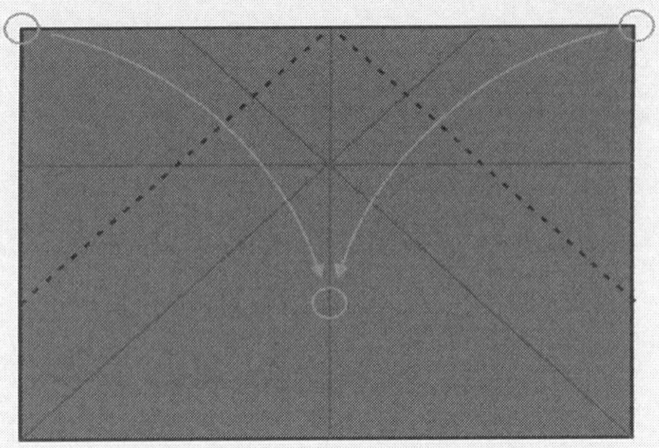

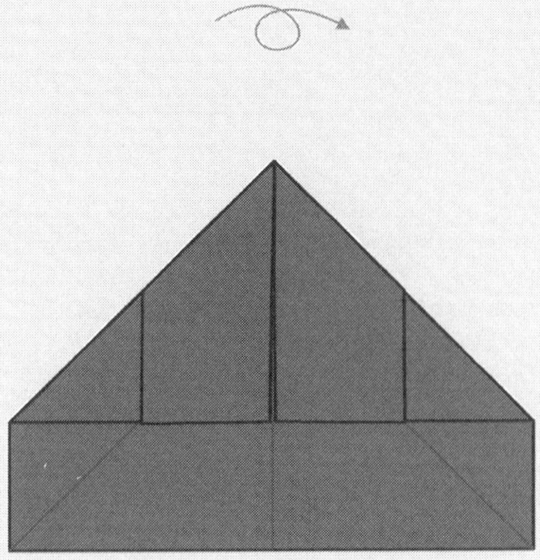

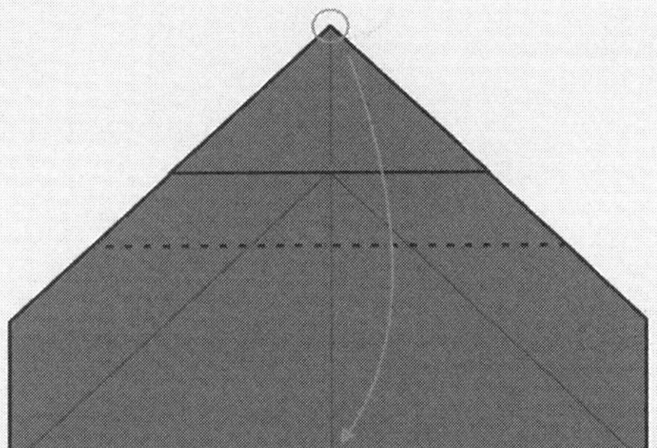

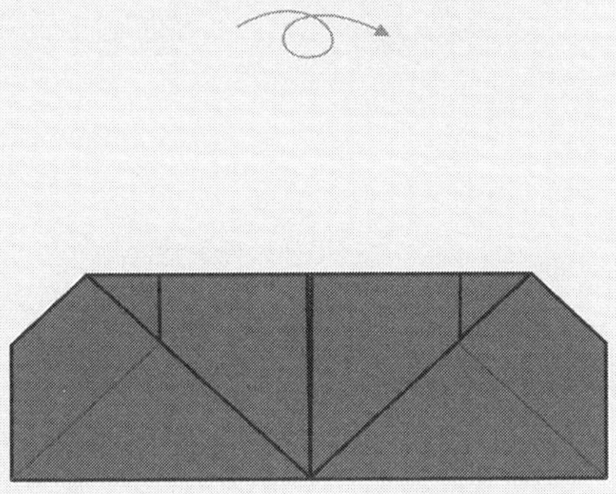

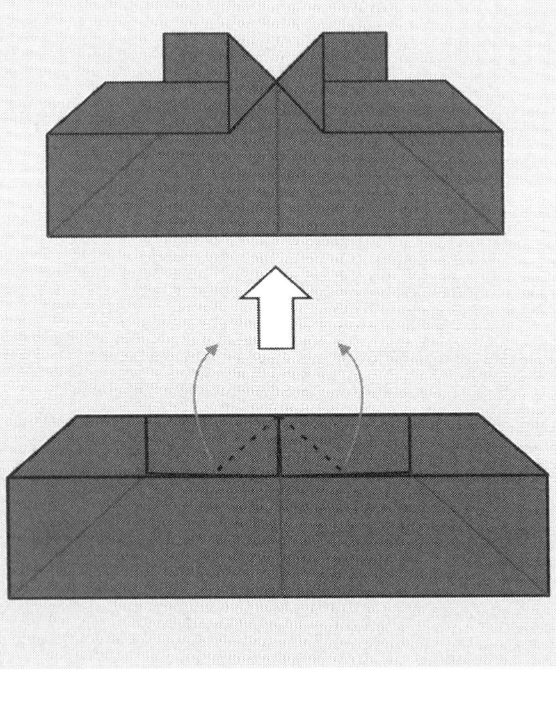

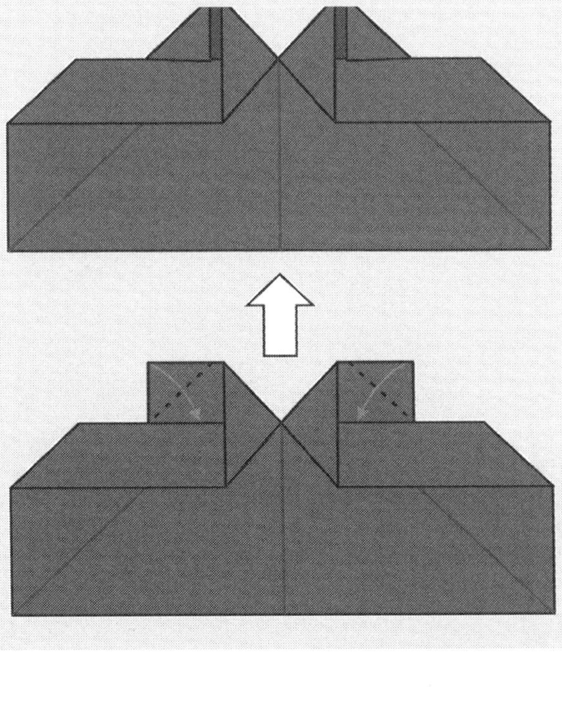

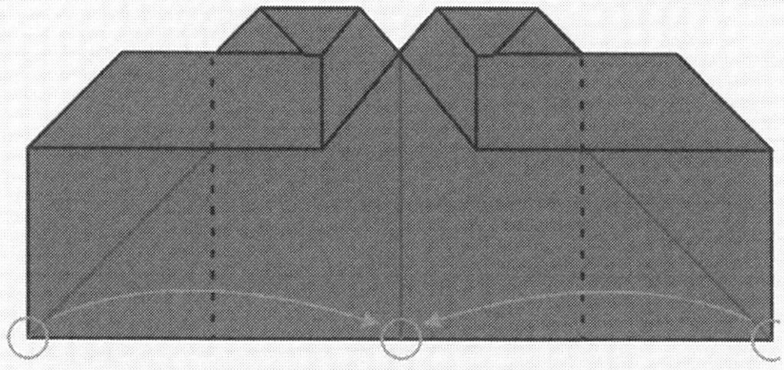

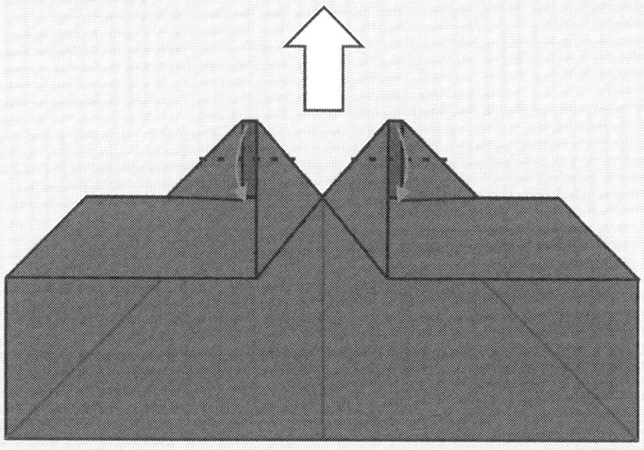

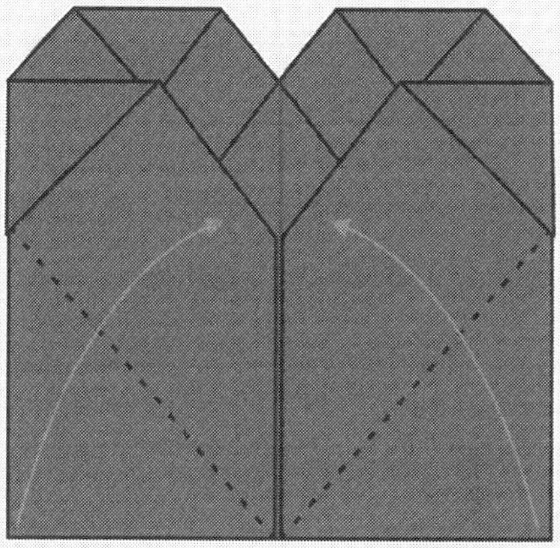

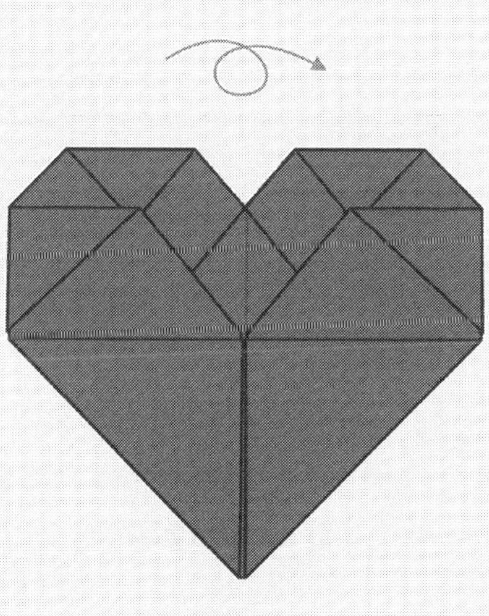

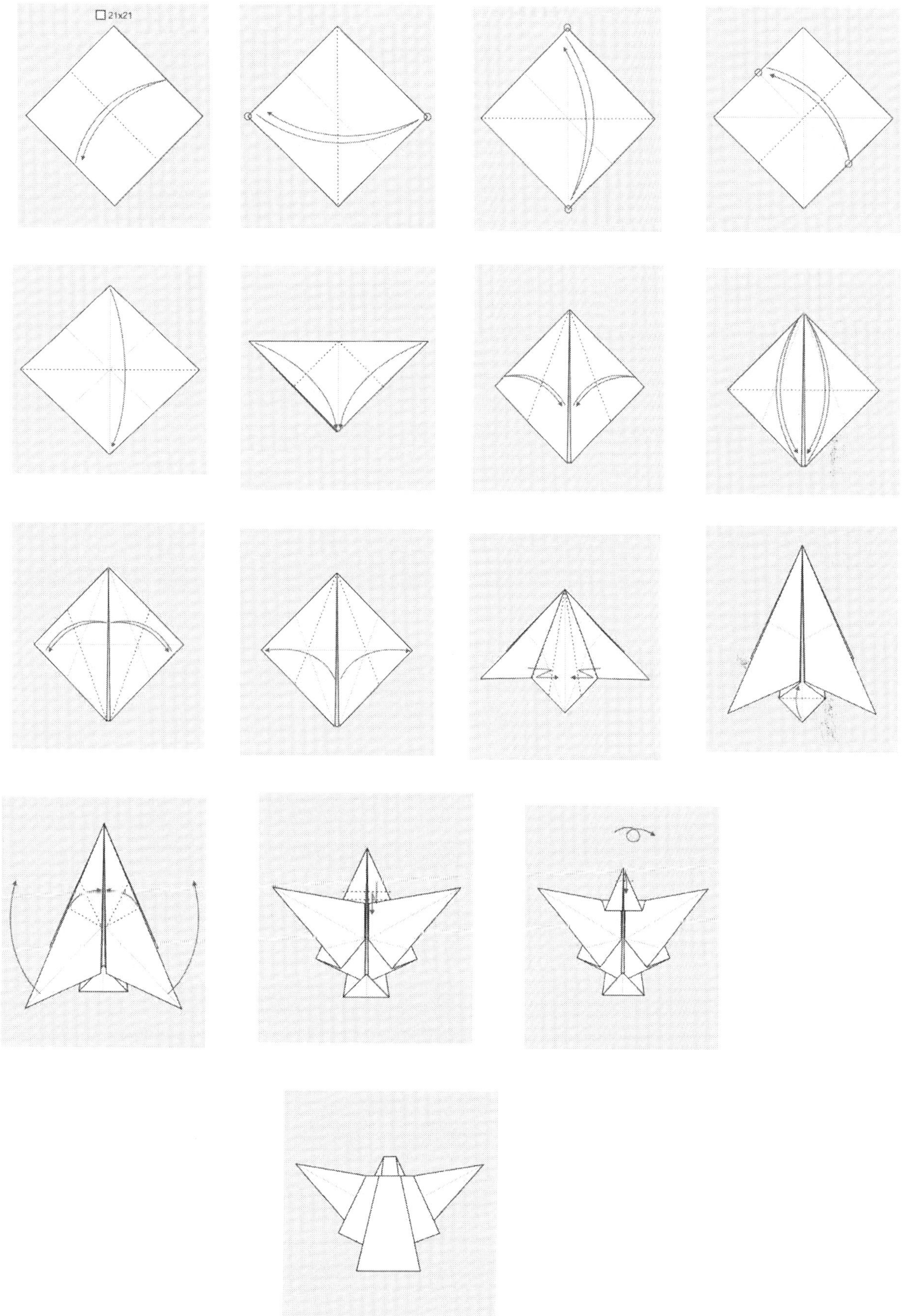
21x21

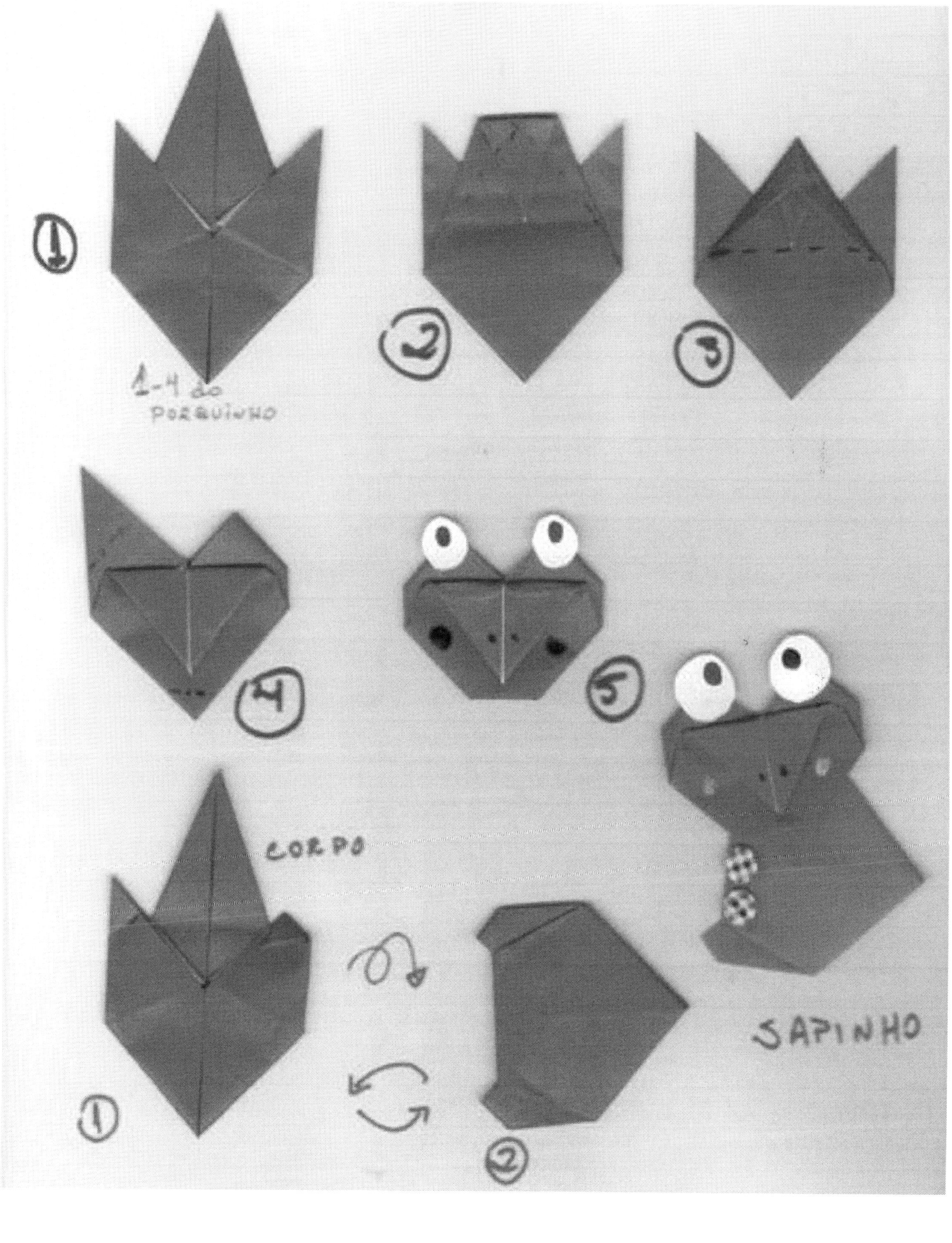
1
2
3
1-4 do PORQUINHO
4
5
CORPO
SAPINHO
1
2

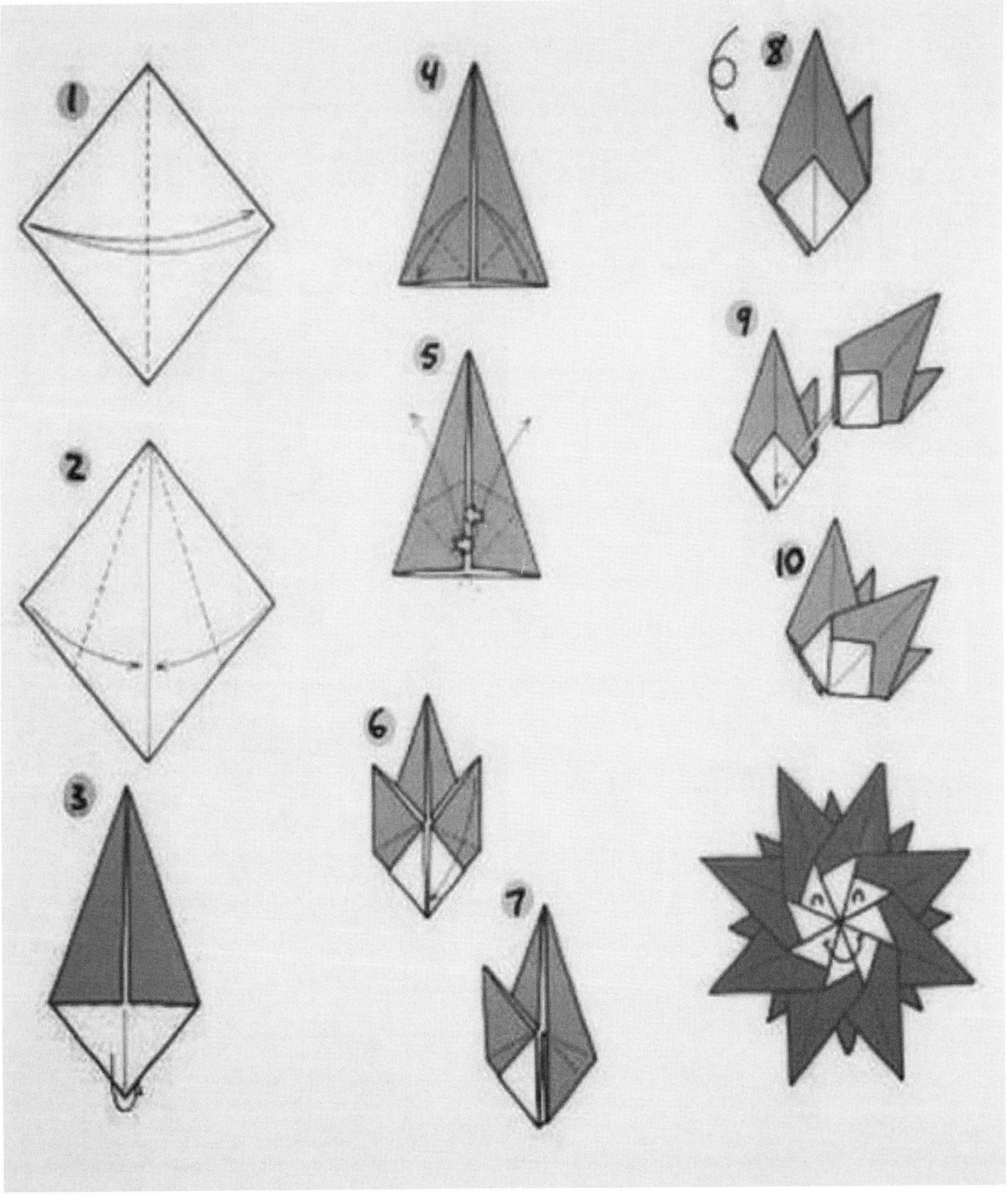
1
2
3
4
5
6
7
8
9
10

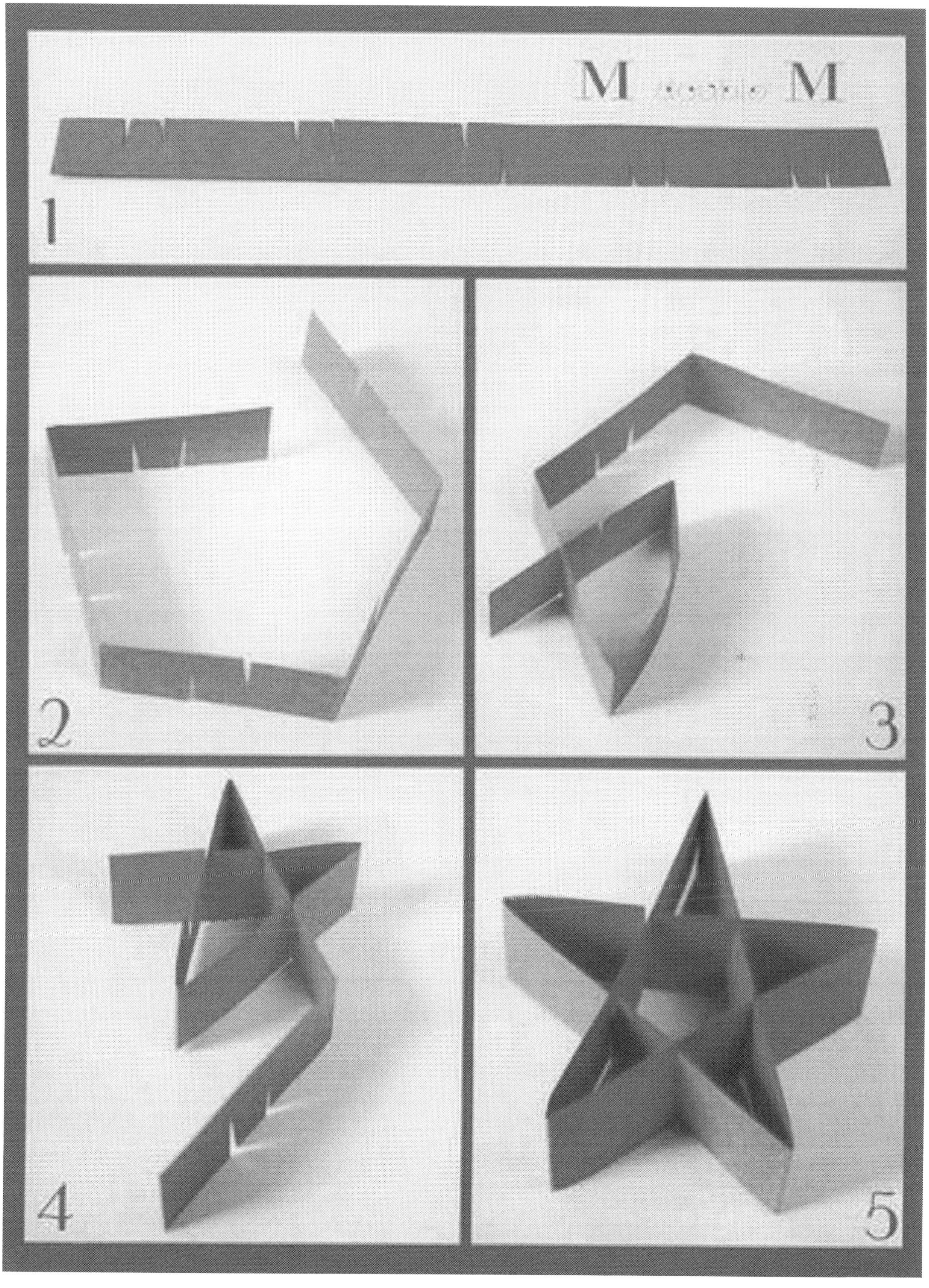
M
M
1
2
3
4
5

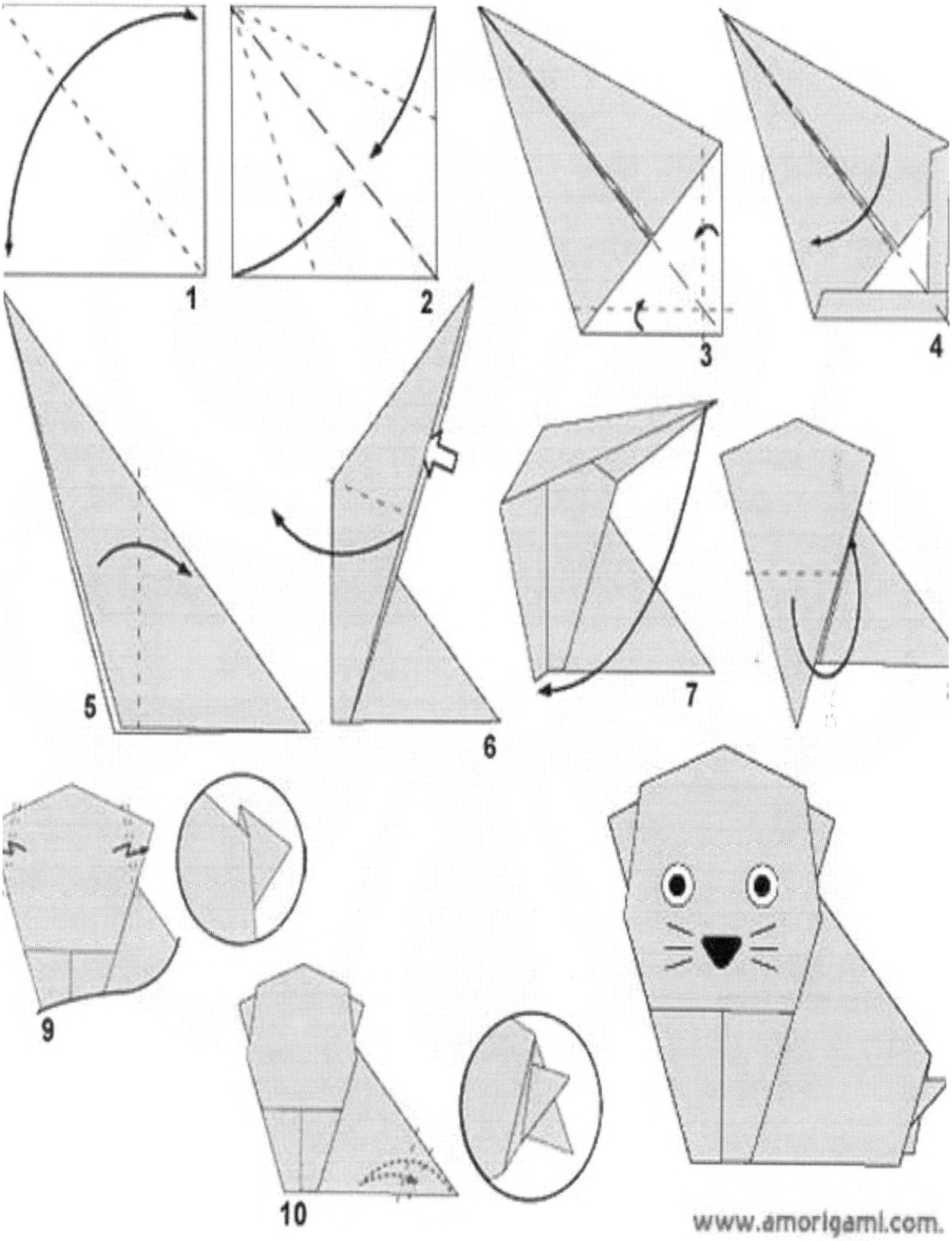

www.amorigami.com.

1
2
3
4
5

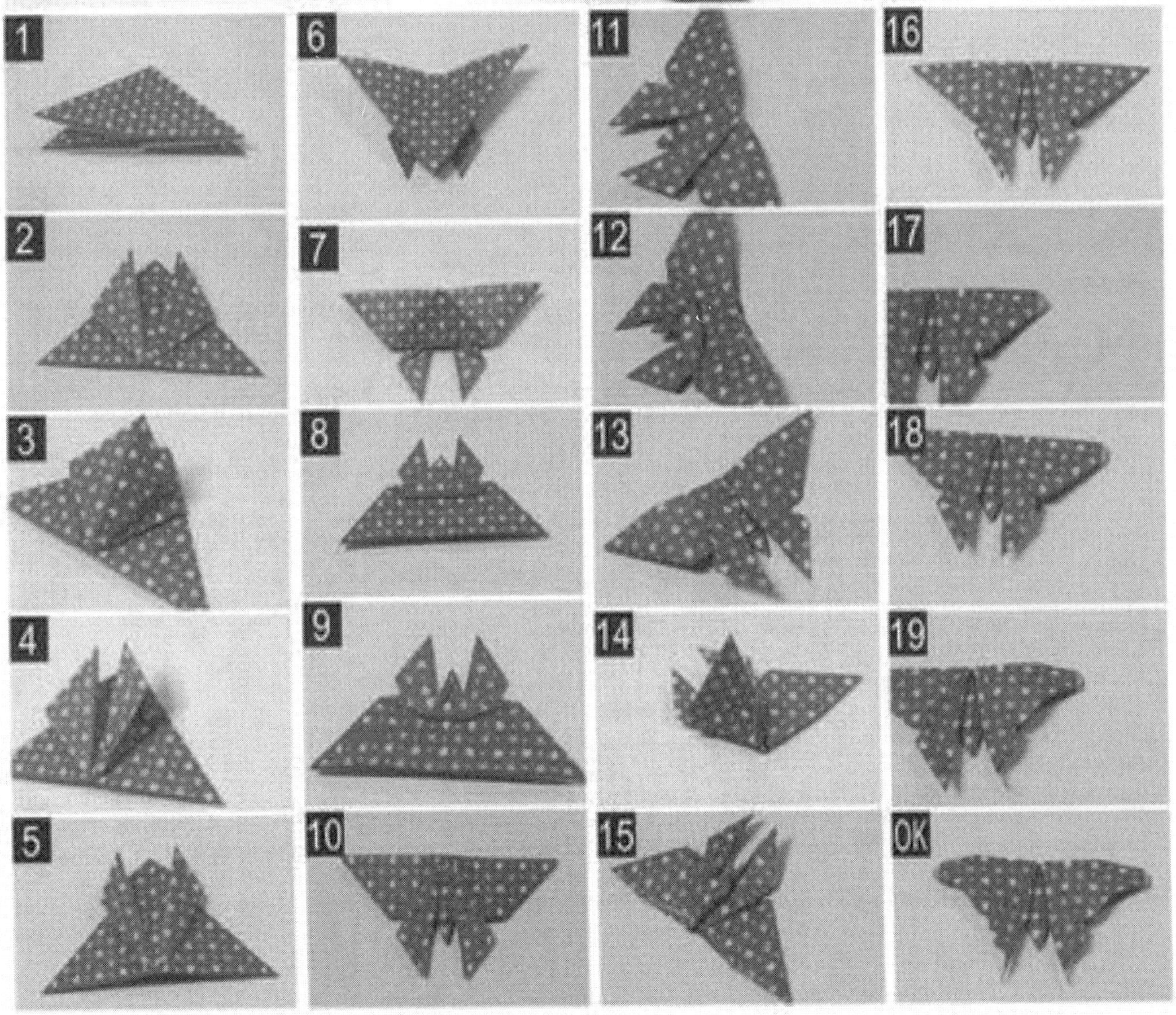
1
6
11
16
2
7
12
17
3
8
13
18
4
9
14
19
5
10
15
OK

1
2
3
4
5
6
7
8
9
11
12
13

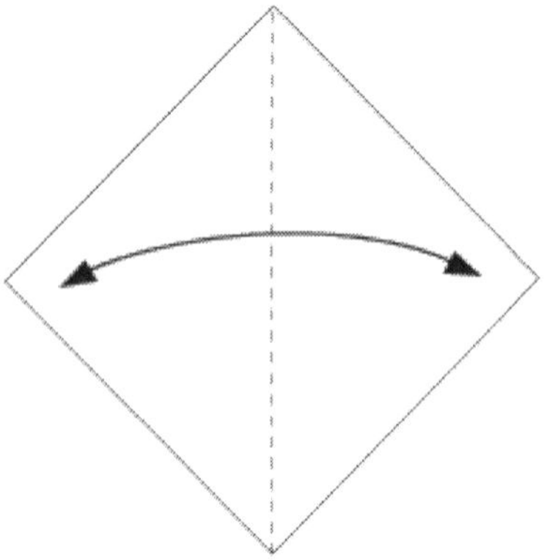

1

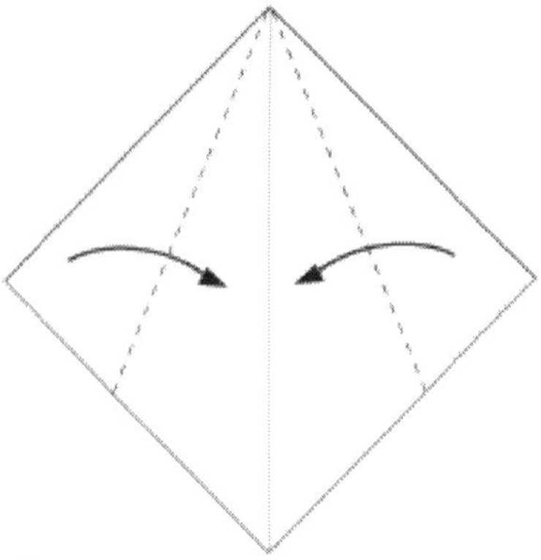

2

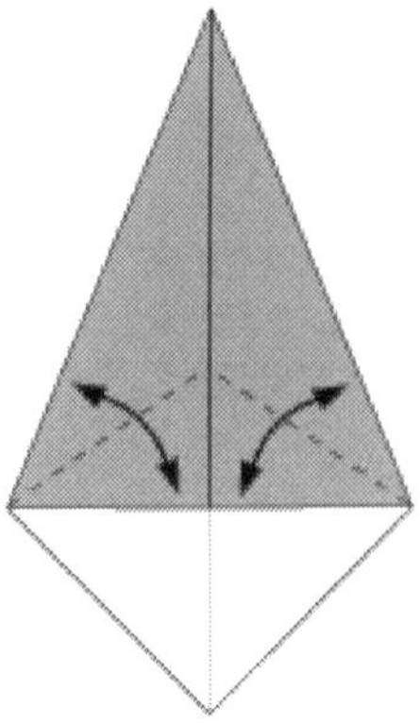

3

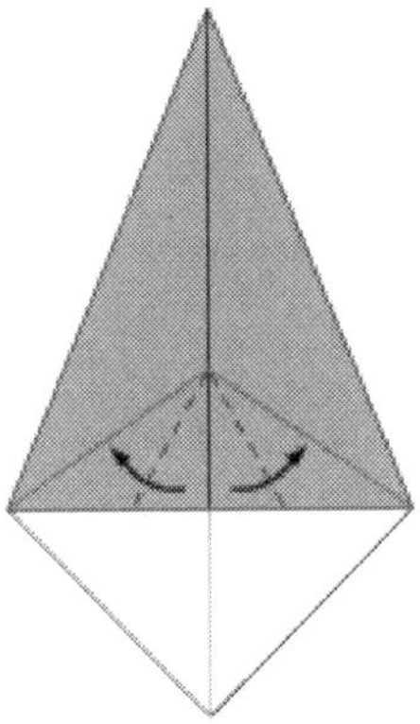

4

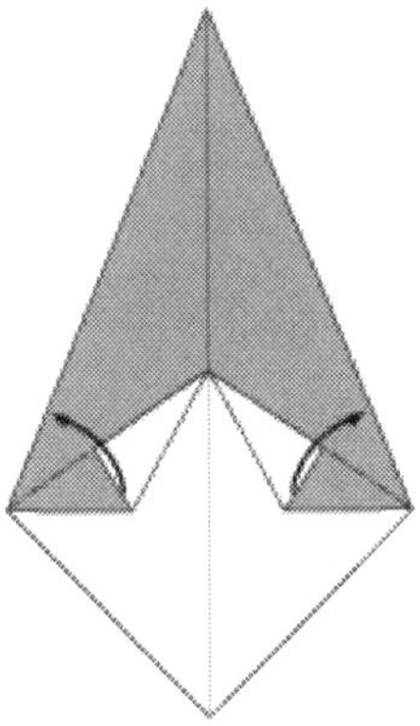

5

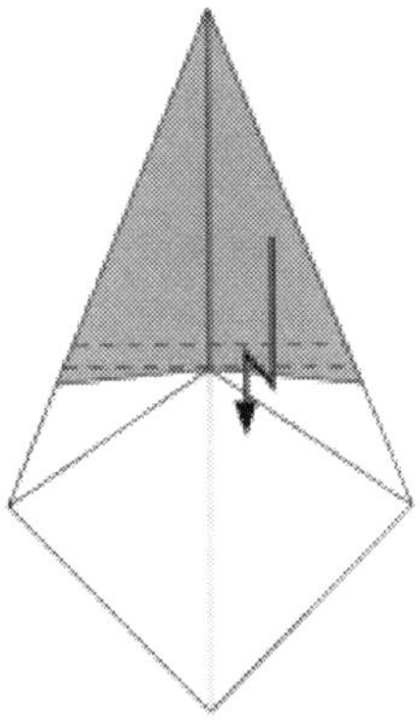

6

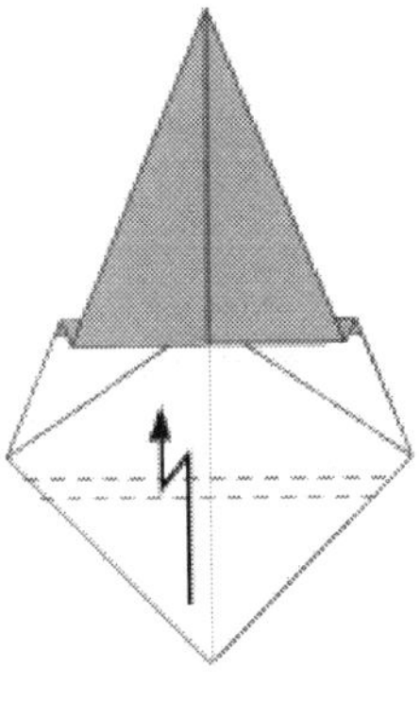

7

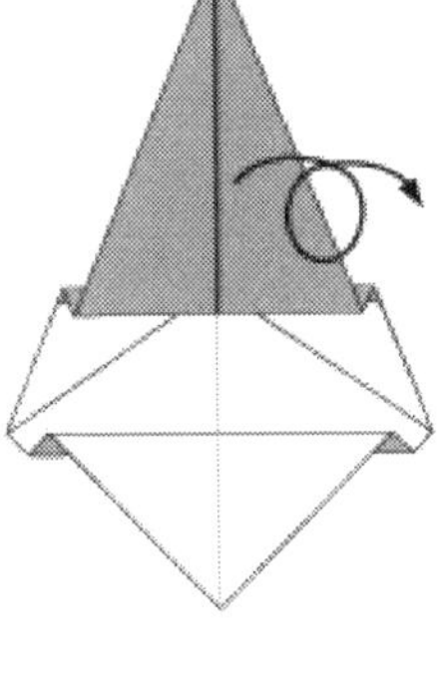

8

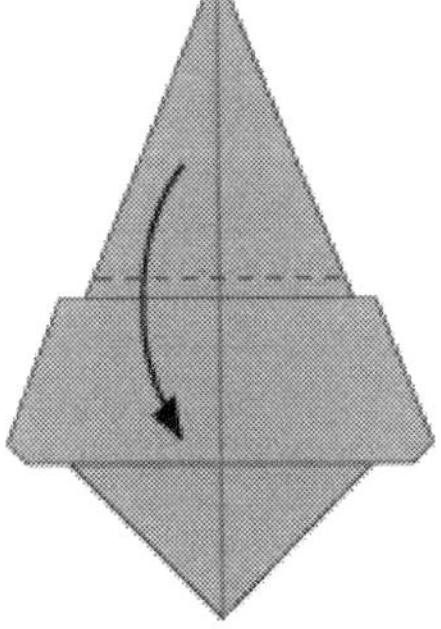

9

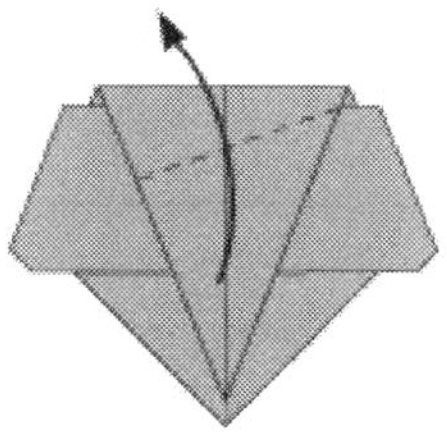

10

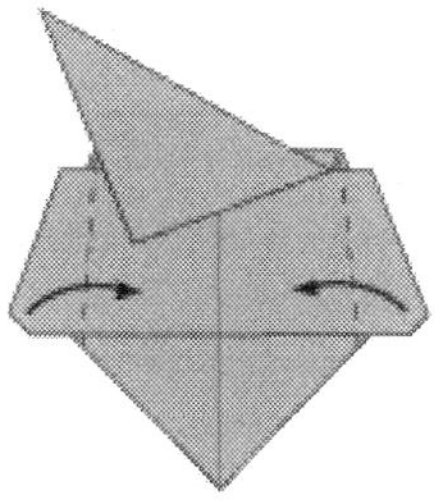

11

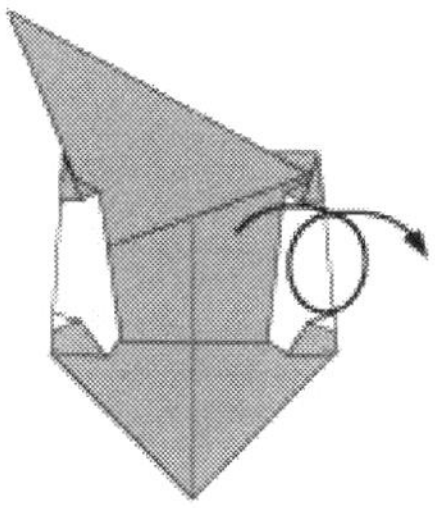

12

13

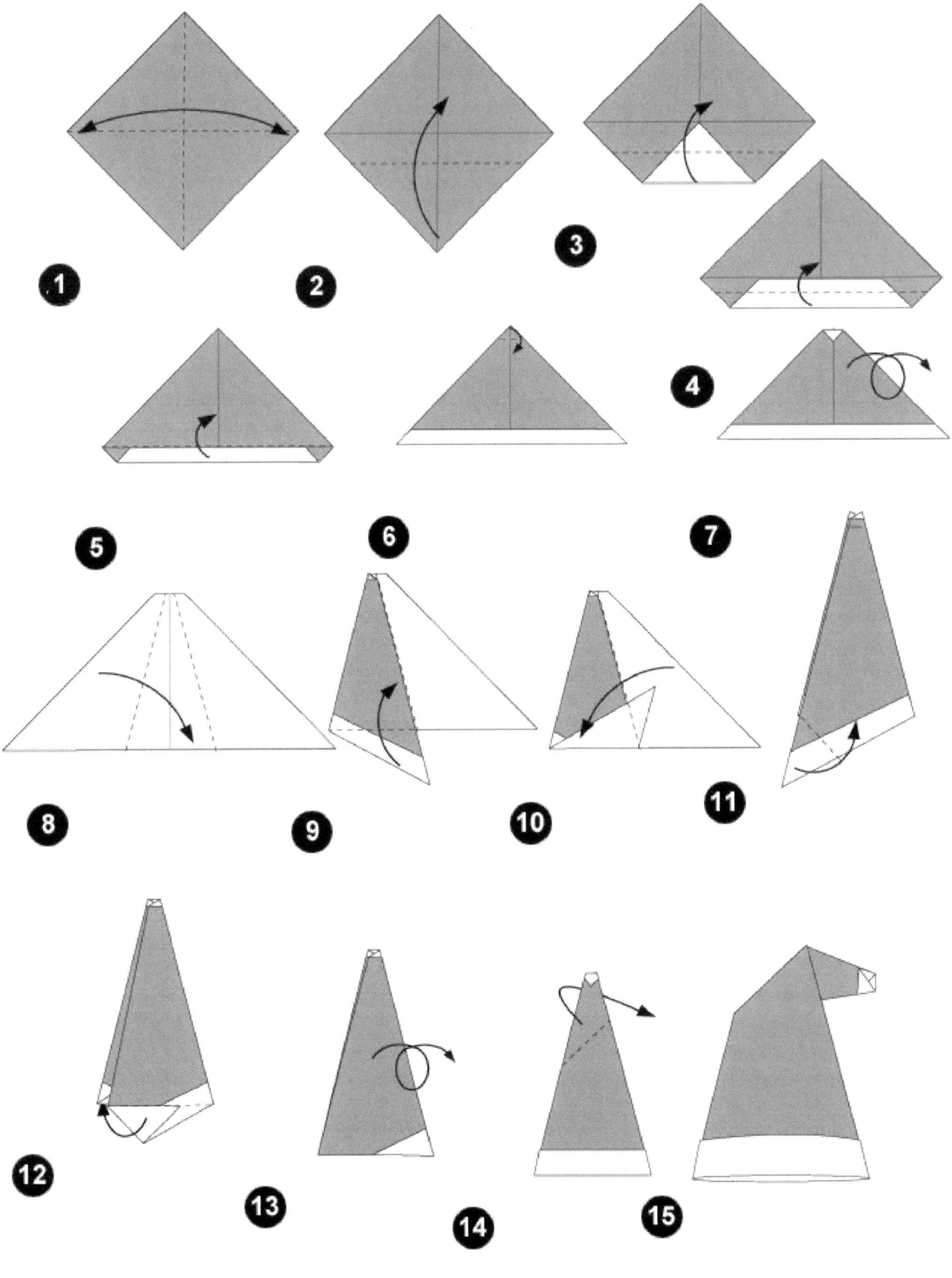
1
2
3
4
5
6
7
8
9
10
11
12
13
14
15

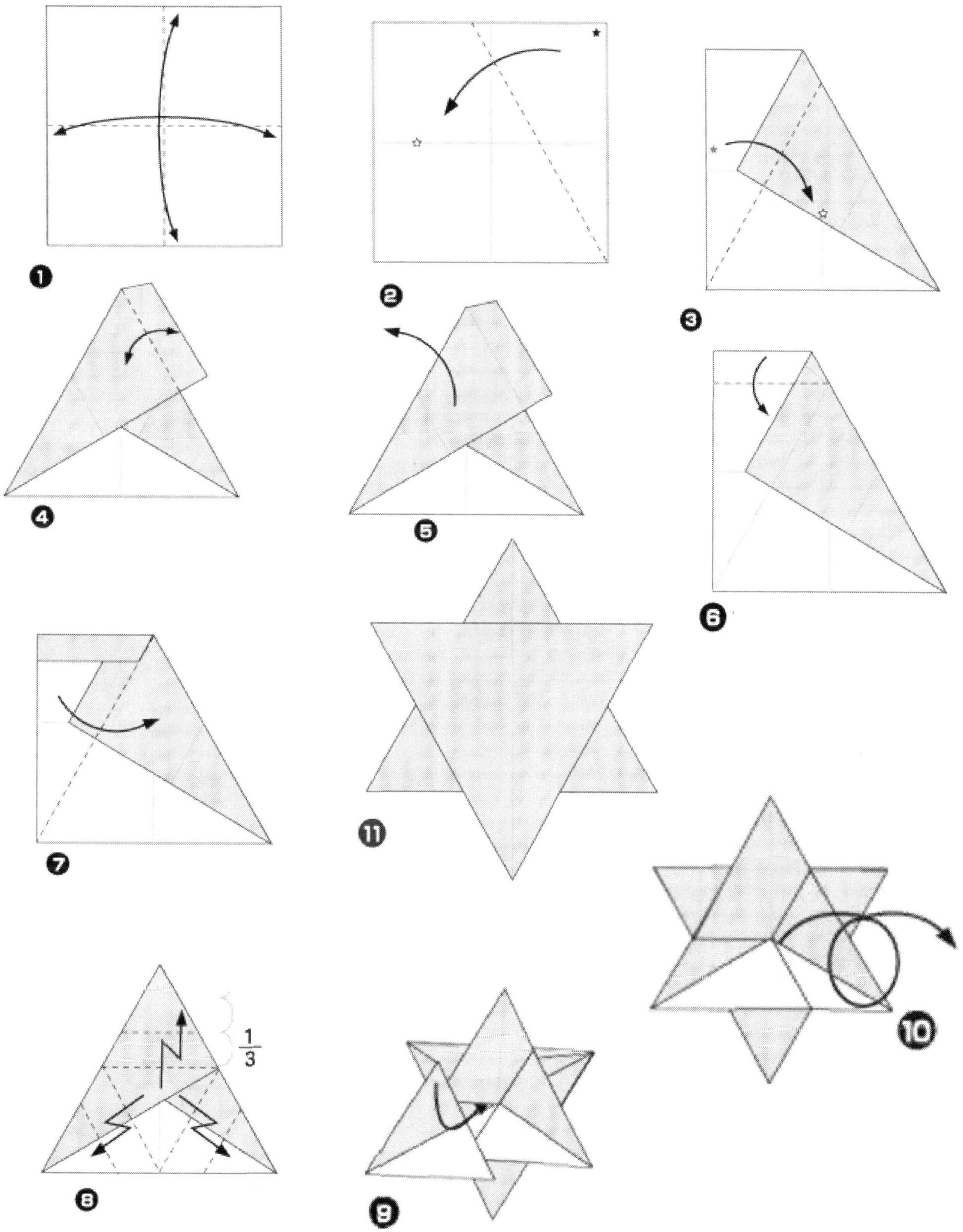

1
2
3
4
5
6
7
11
10
8
1/3
9

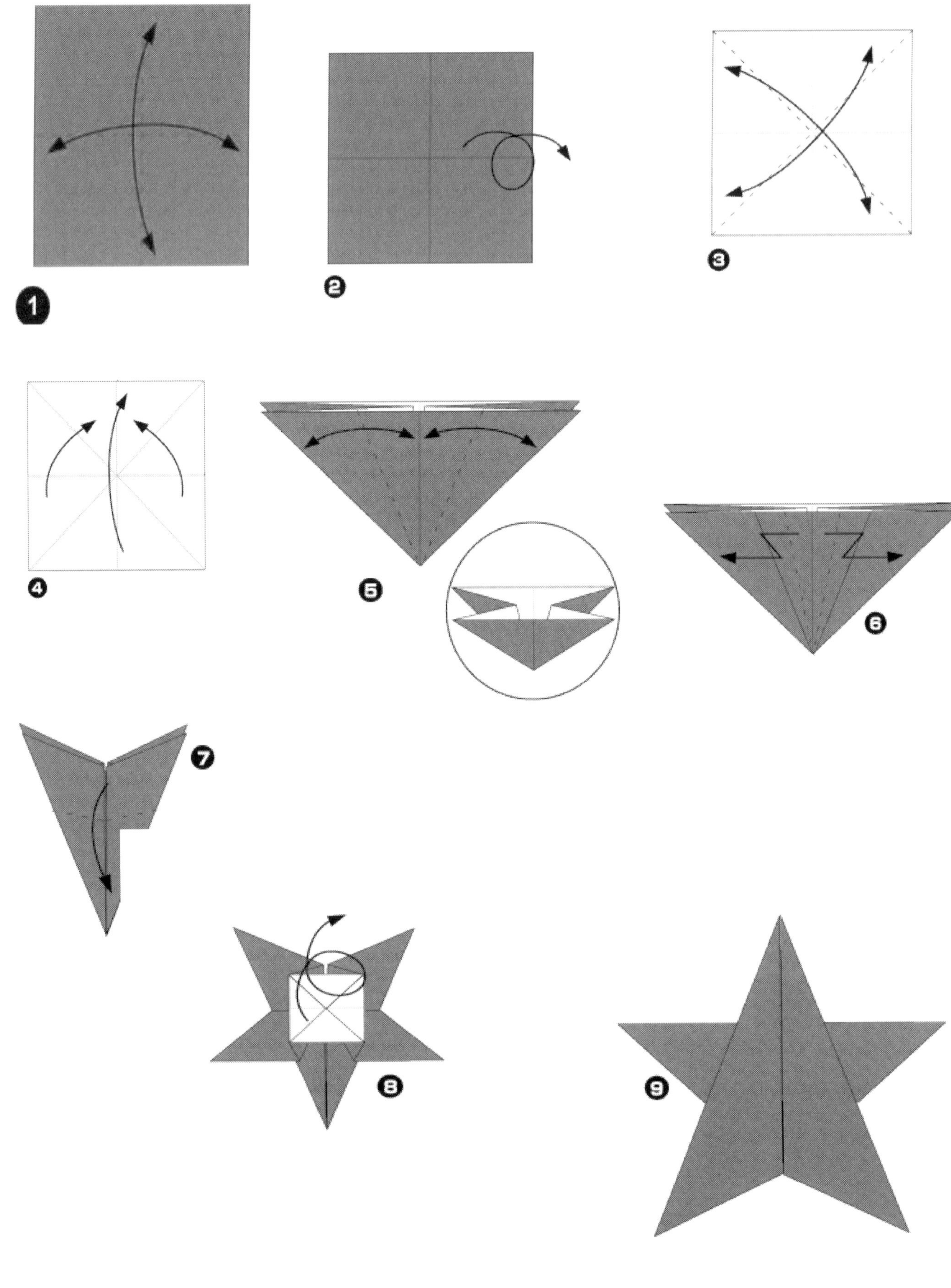
1
2
3
4
5
6
7
8
9

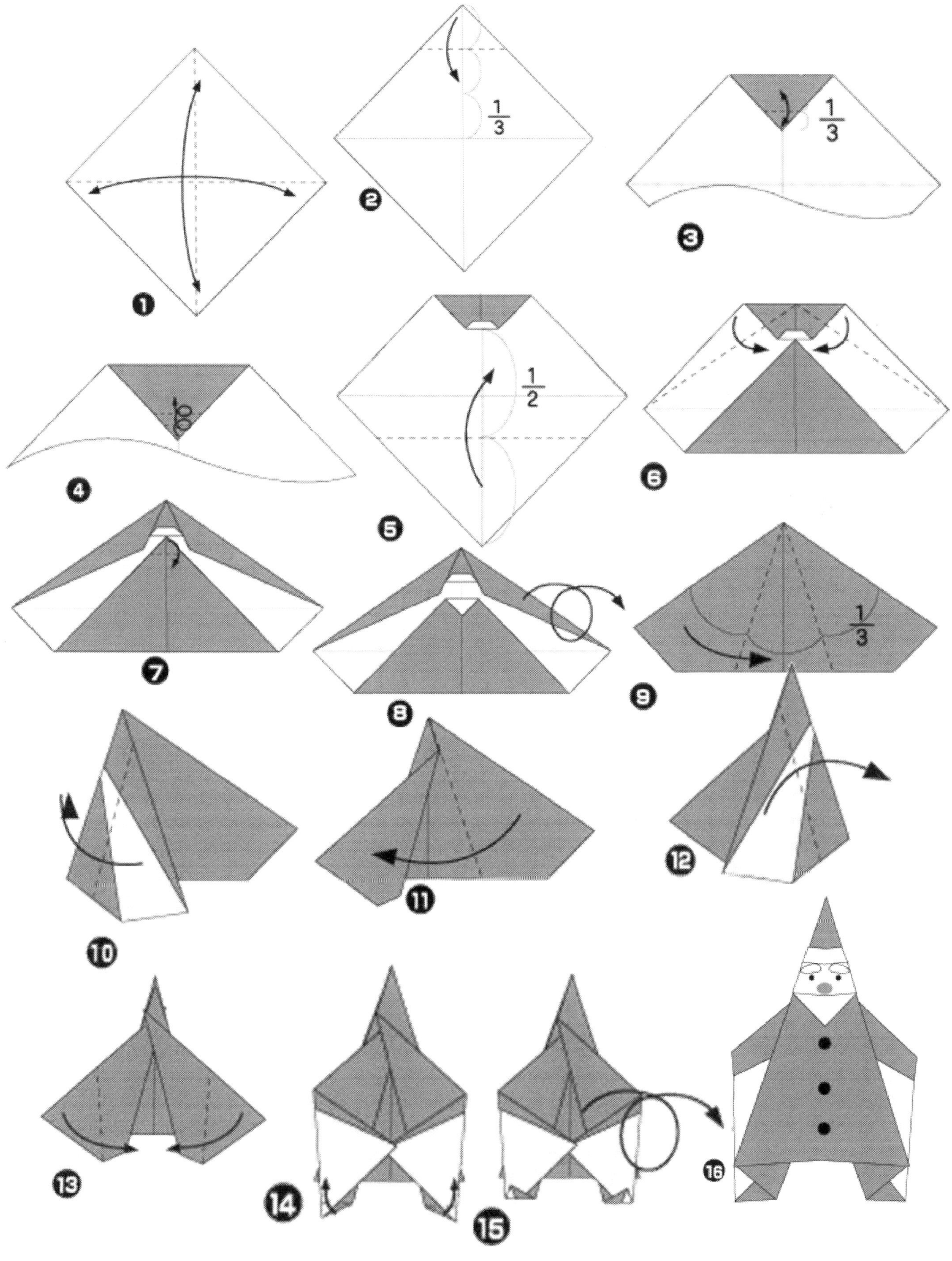

1
2
1/3
3
1/3
4
5
1/2
6
7
8
9
1/3
10
11
12
13
14
15
16

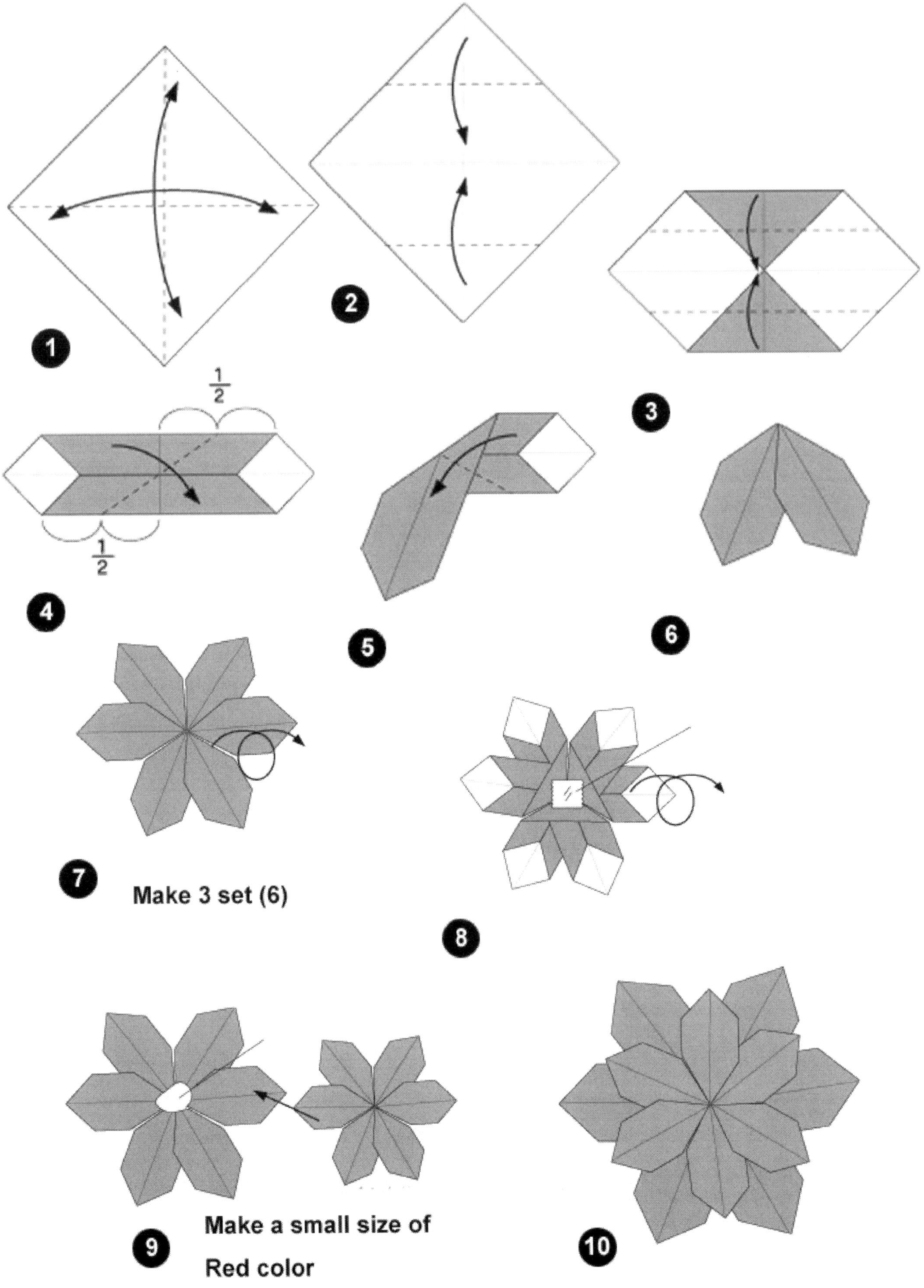
1
2
3
1/2
1/2
4
5
6
7
Make 3 set (6)
8
9
Make a small size of
Red color
10

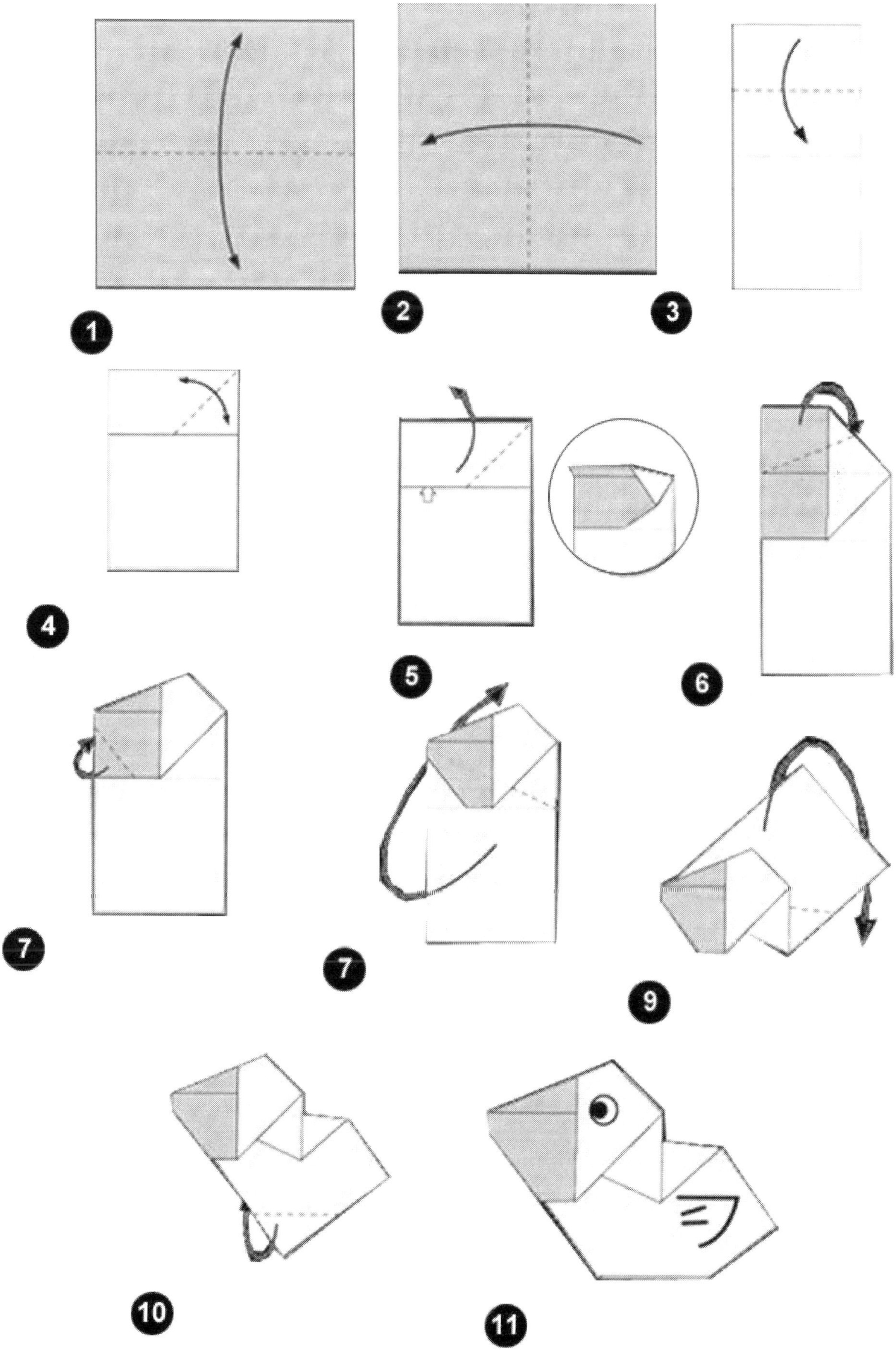
1
2
3
4
5
6
7
7
9
10
11

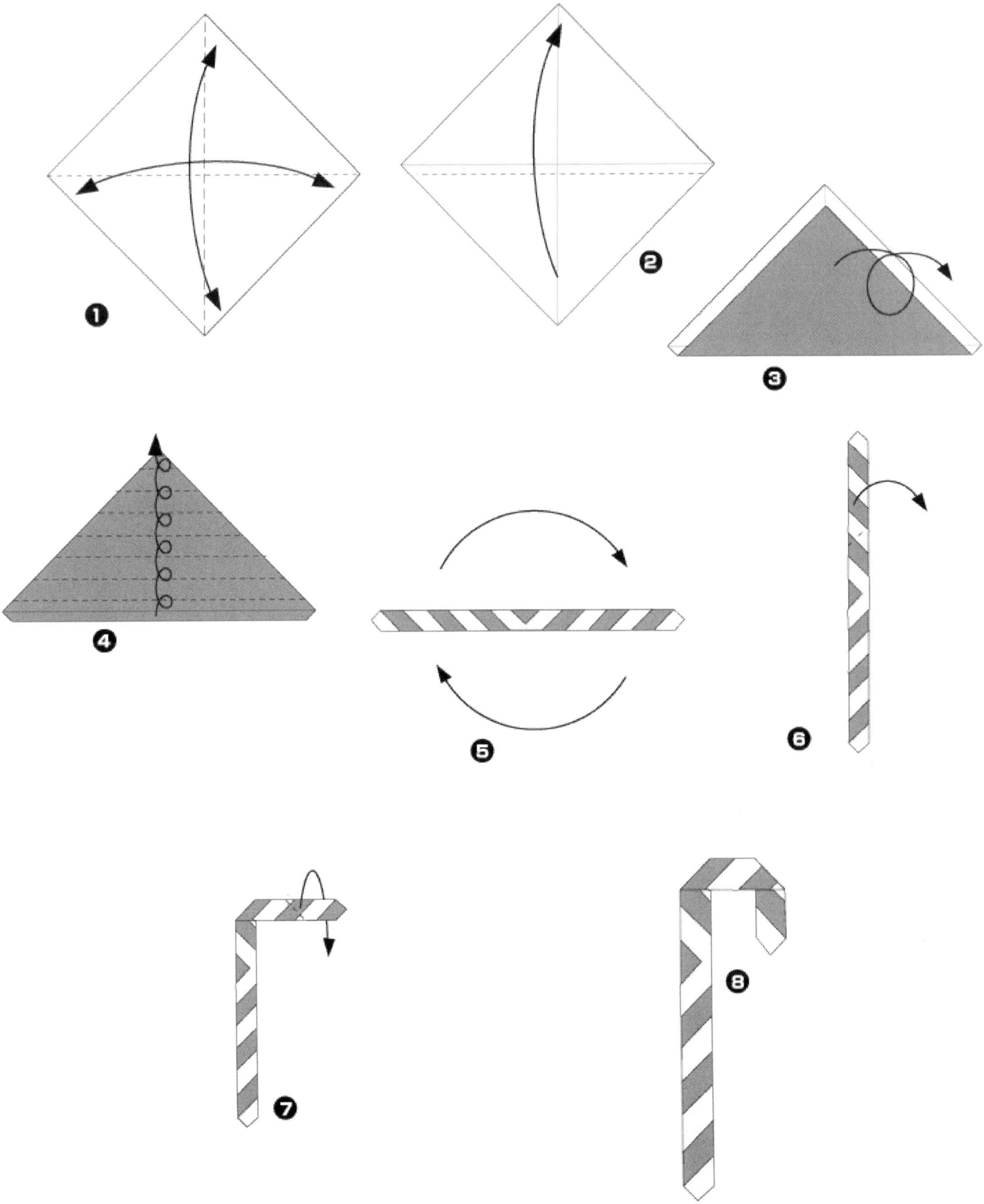
1
2
3
4
5
6
7
8

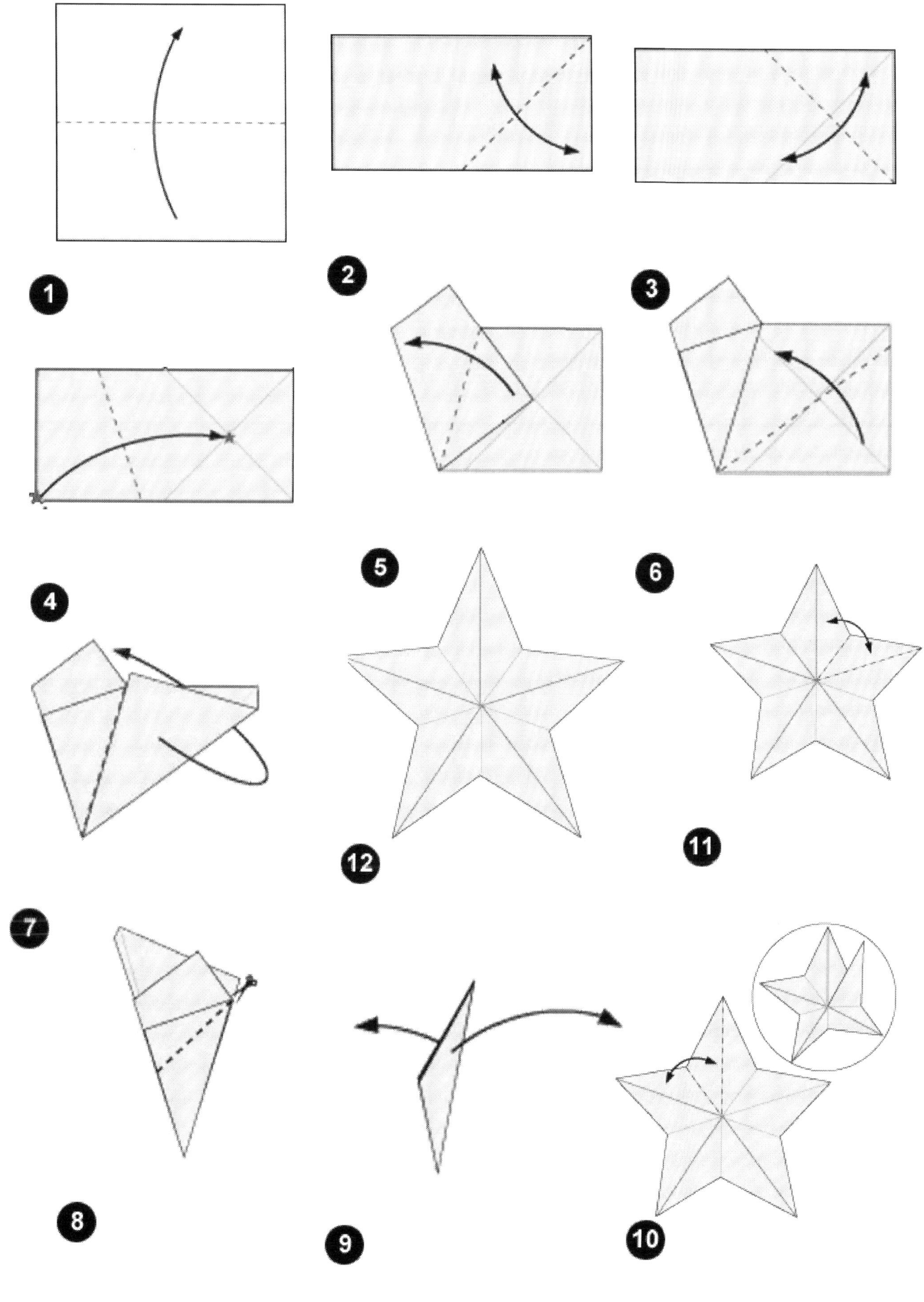
1
2
3
4
5
6
7
8
9
10
11
12

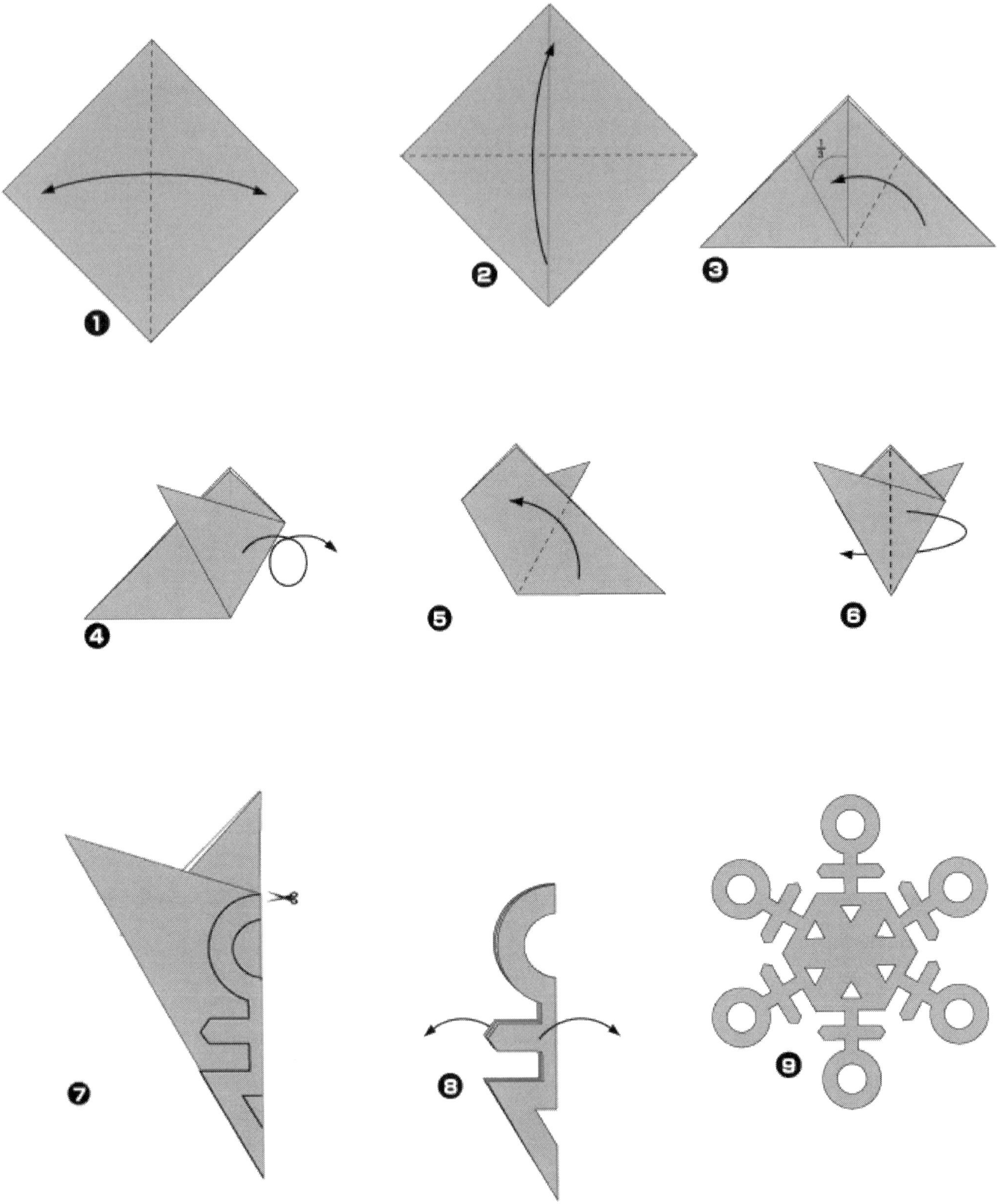
1
2
3
4
5
6
7
8
9

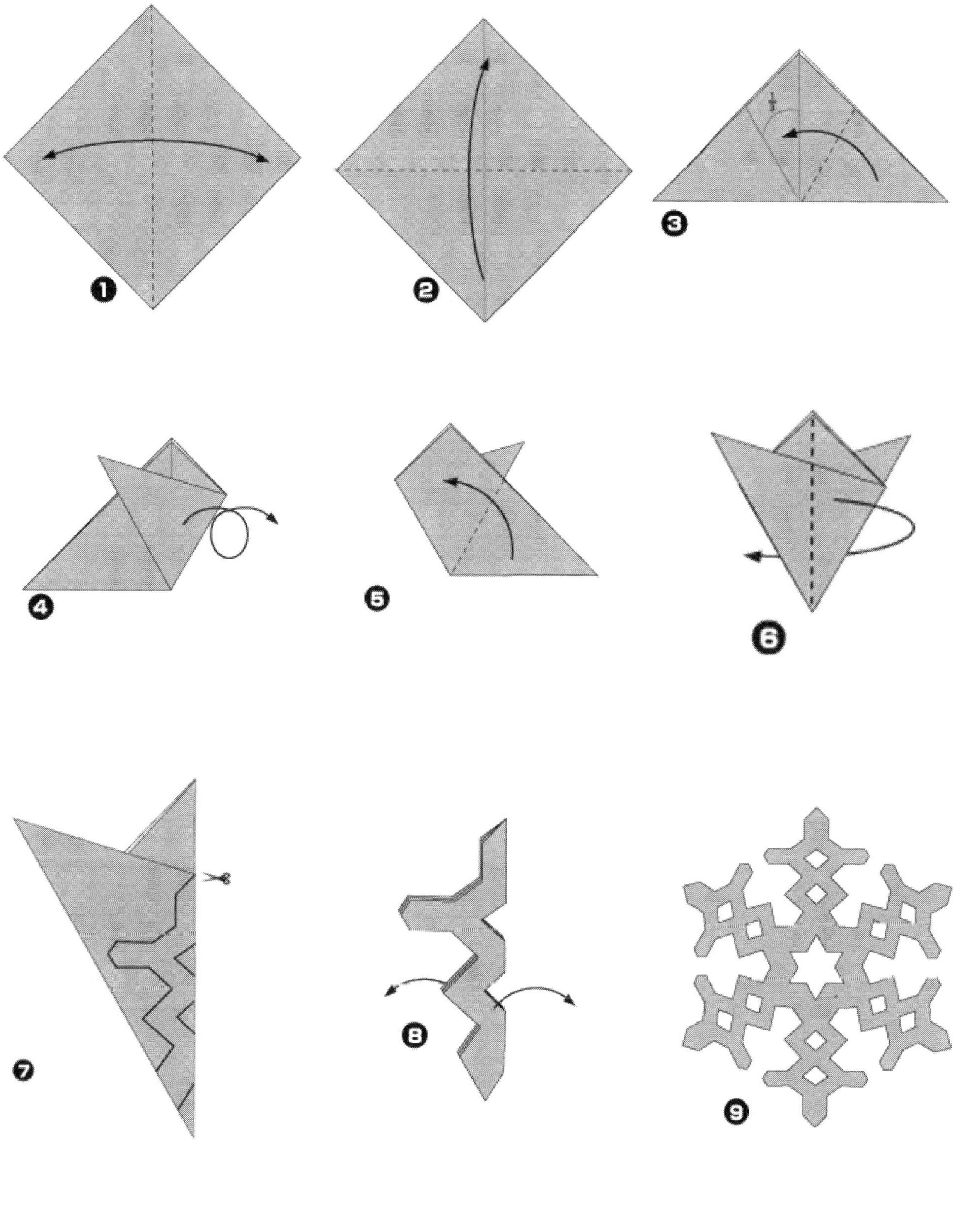
1
2
3
4
5
6
7
8
9

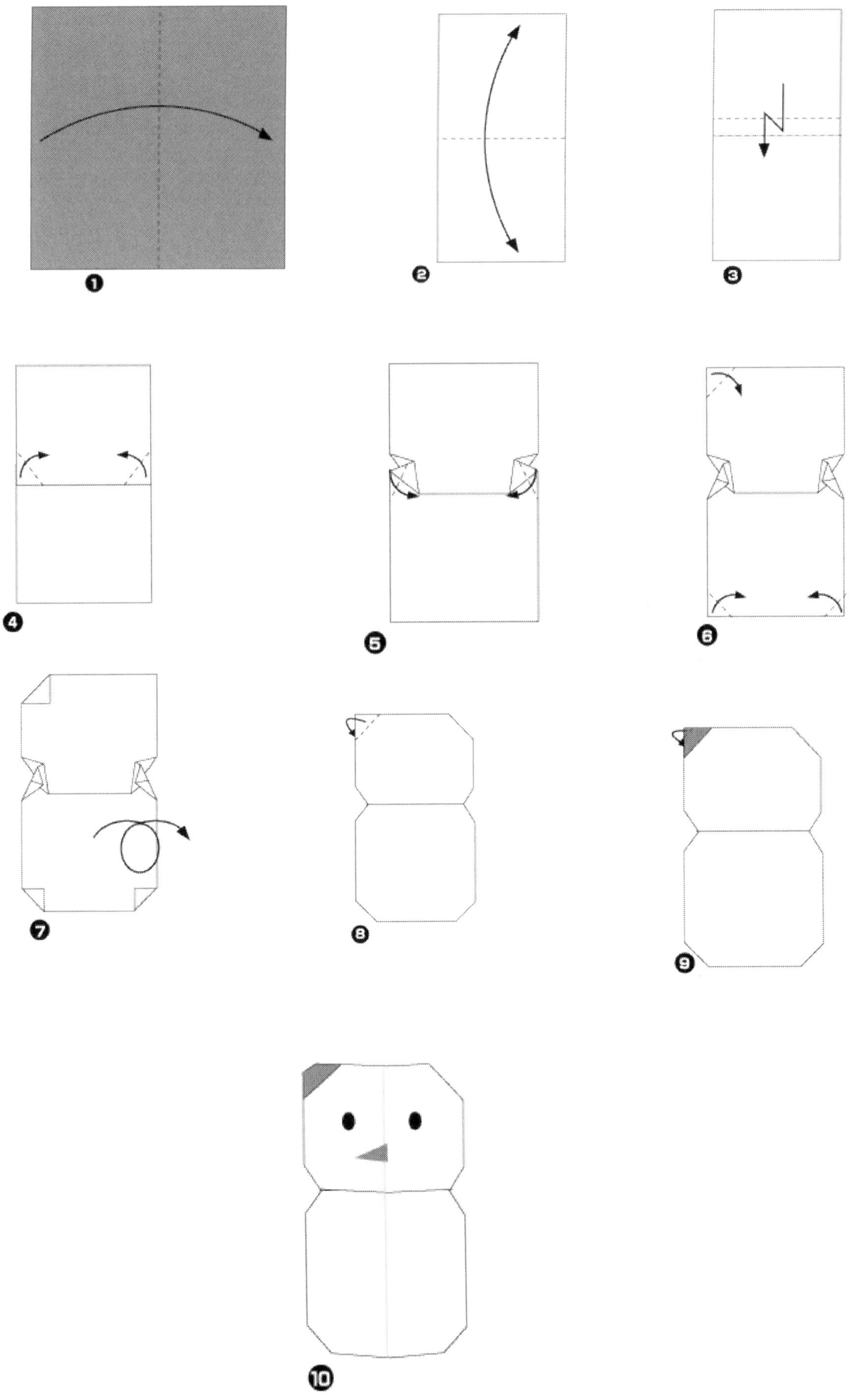
1
2
3
4
5
6
7
8
9
10

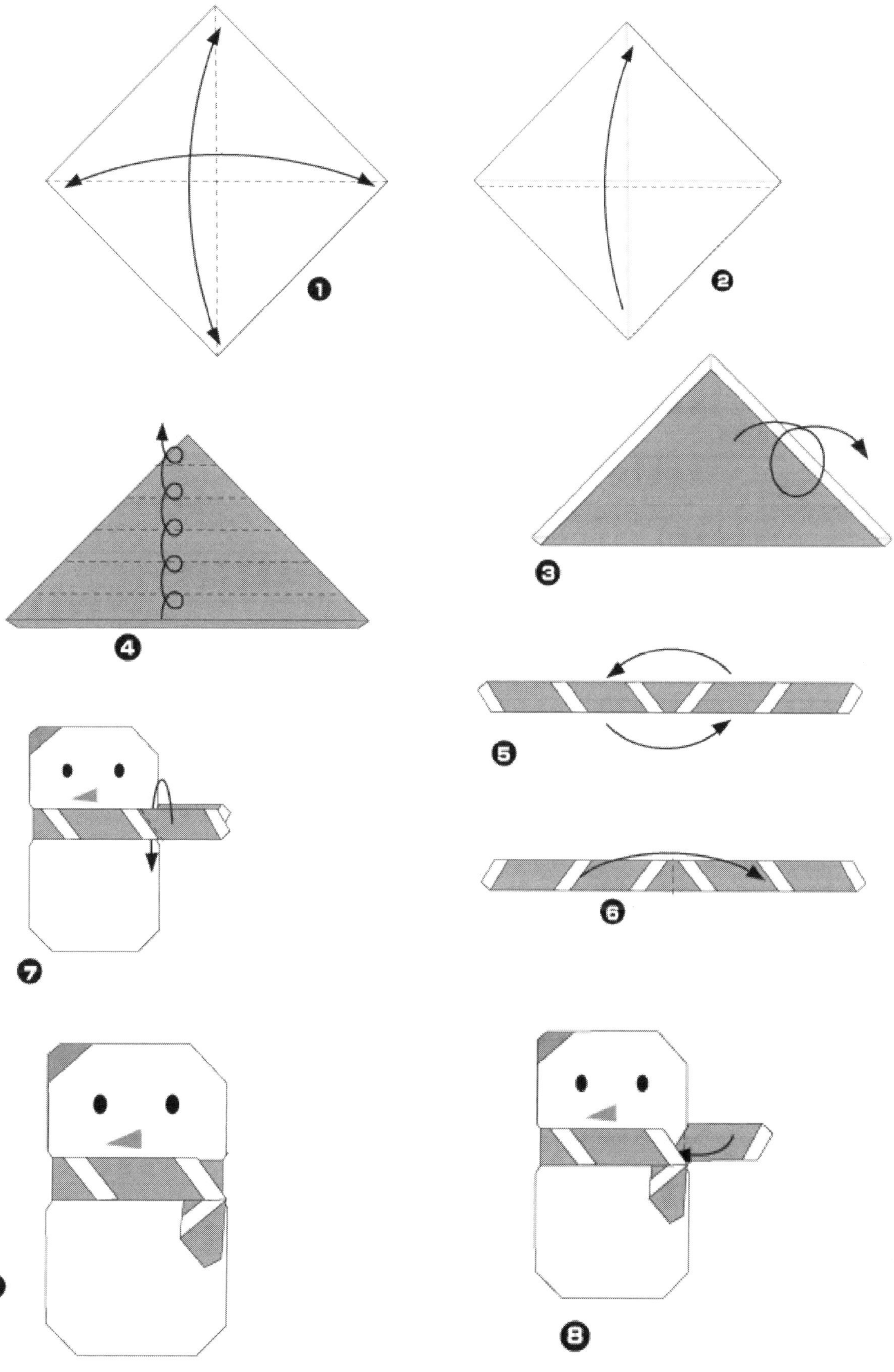
1
2
3
4
5
6
7
8
9

1
2
3
4
5
6
1/3
7
8
9
10
11
12

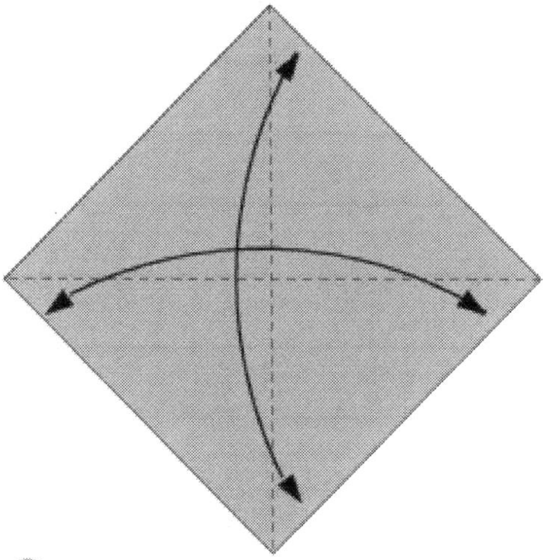

❶

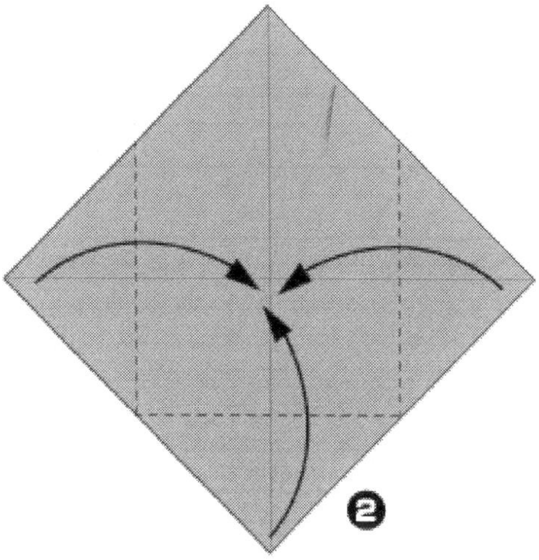

❷

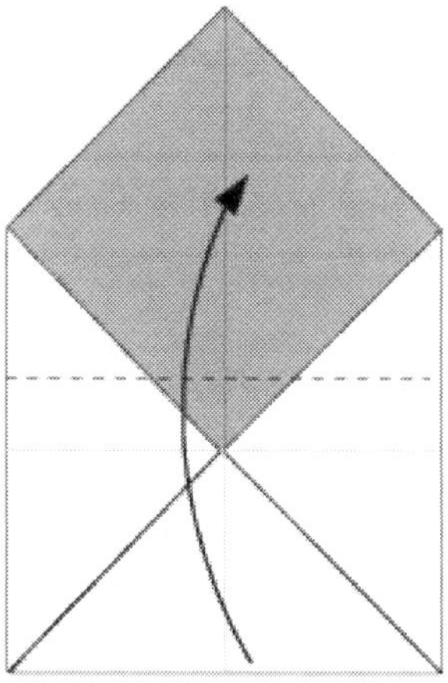

❸

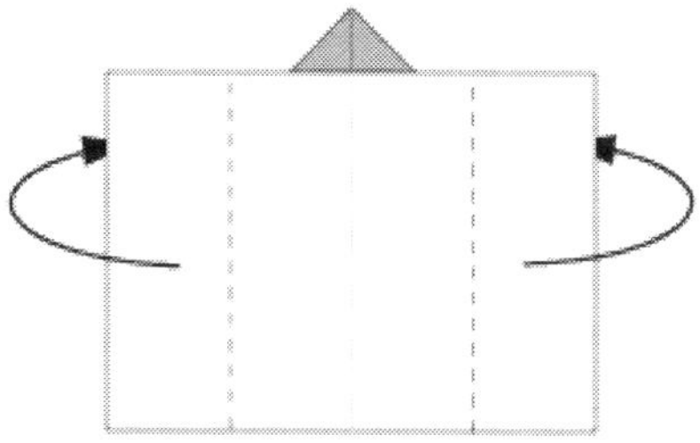

❹

❺

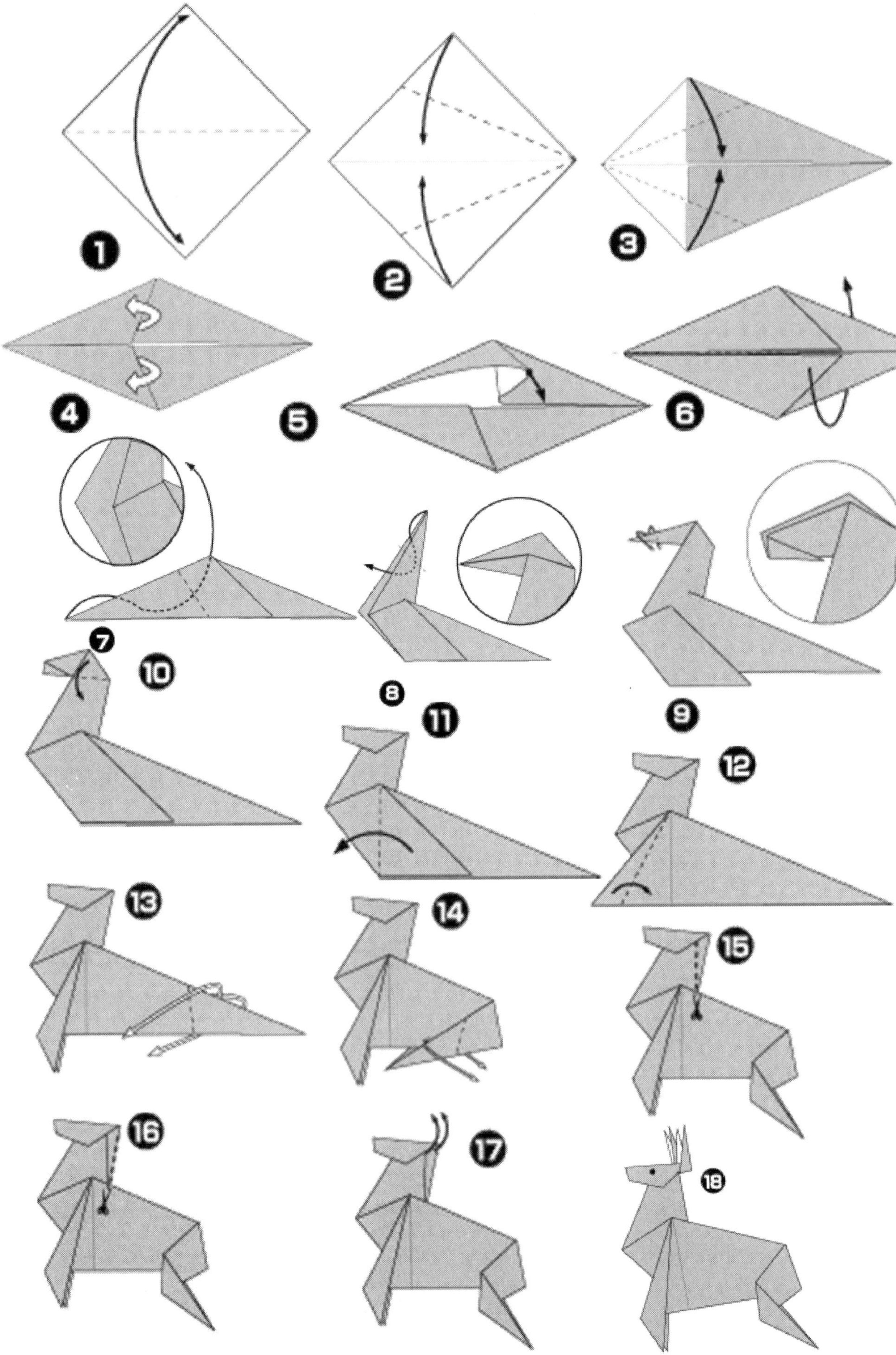
1
2
3
4
5
6
7
8
9
10
11
12
13
14
15
16
17
18

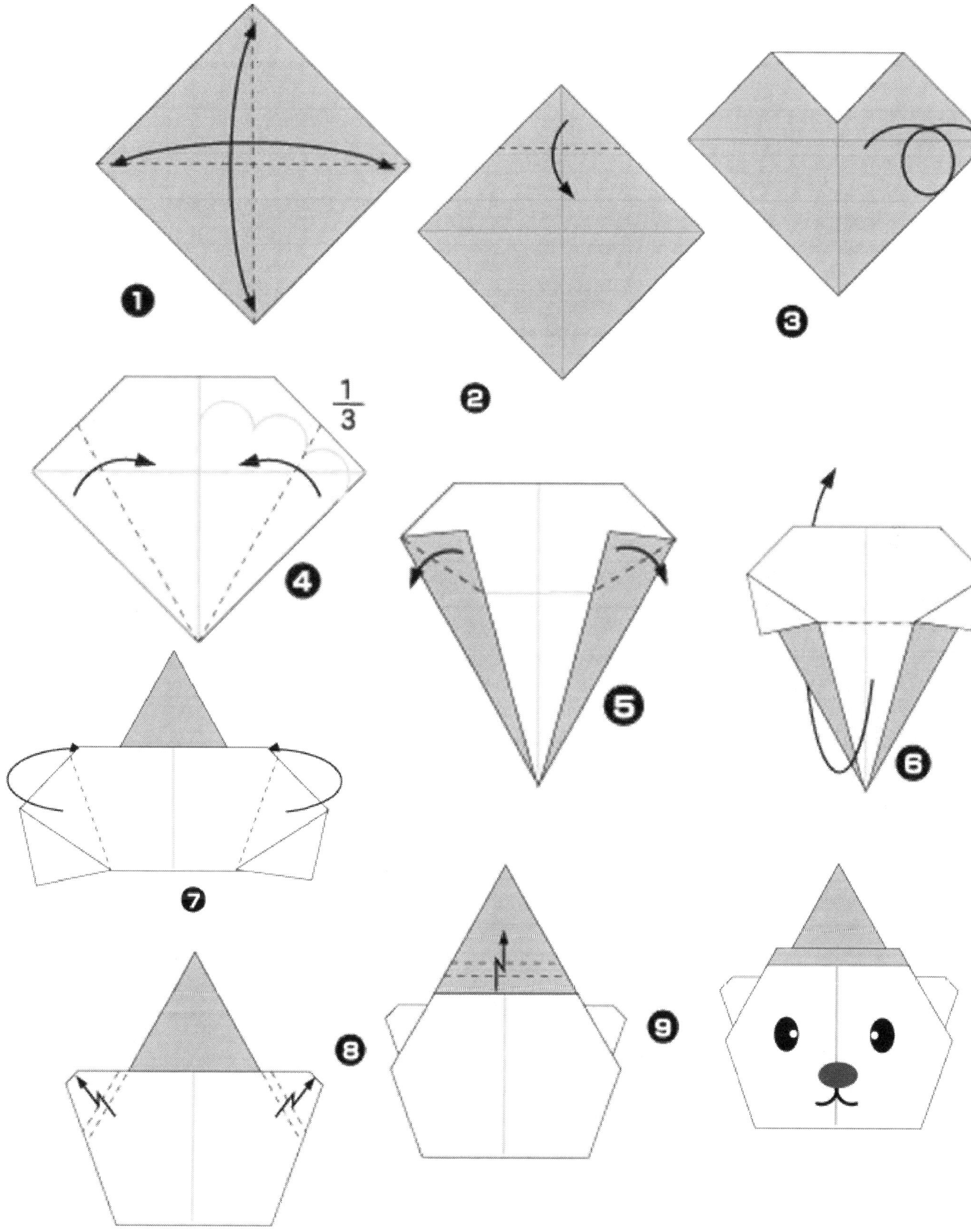
1
2
3
1/3
4
5
6
7
8
9

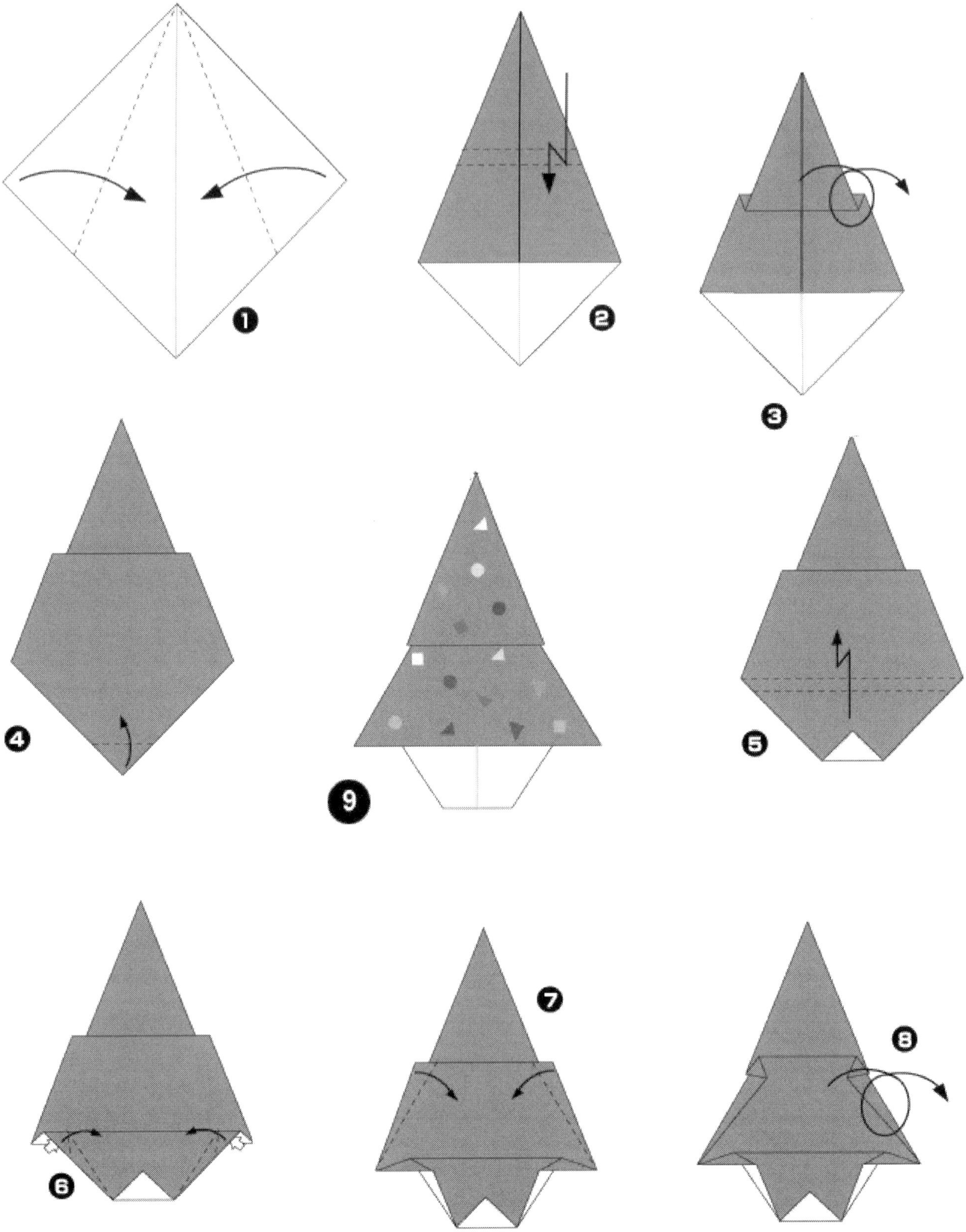

1
2
3
4
9
5
6
7
8

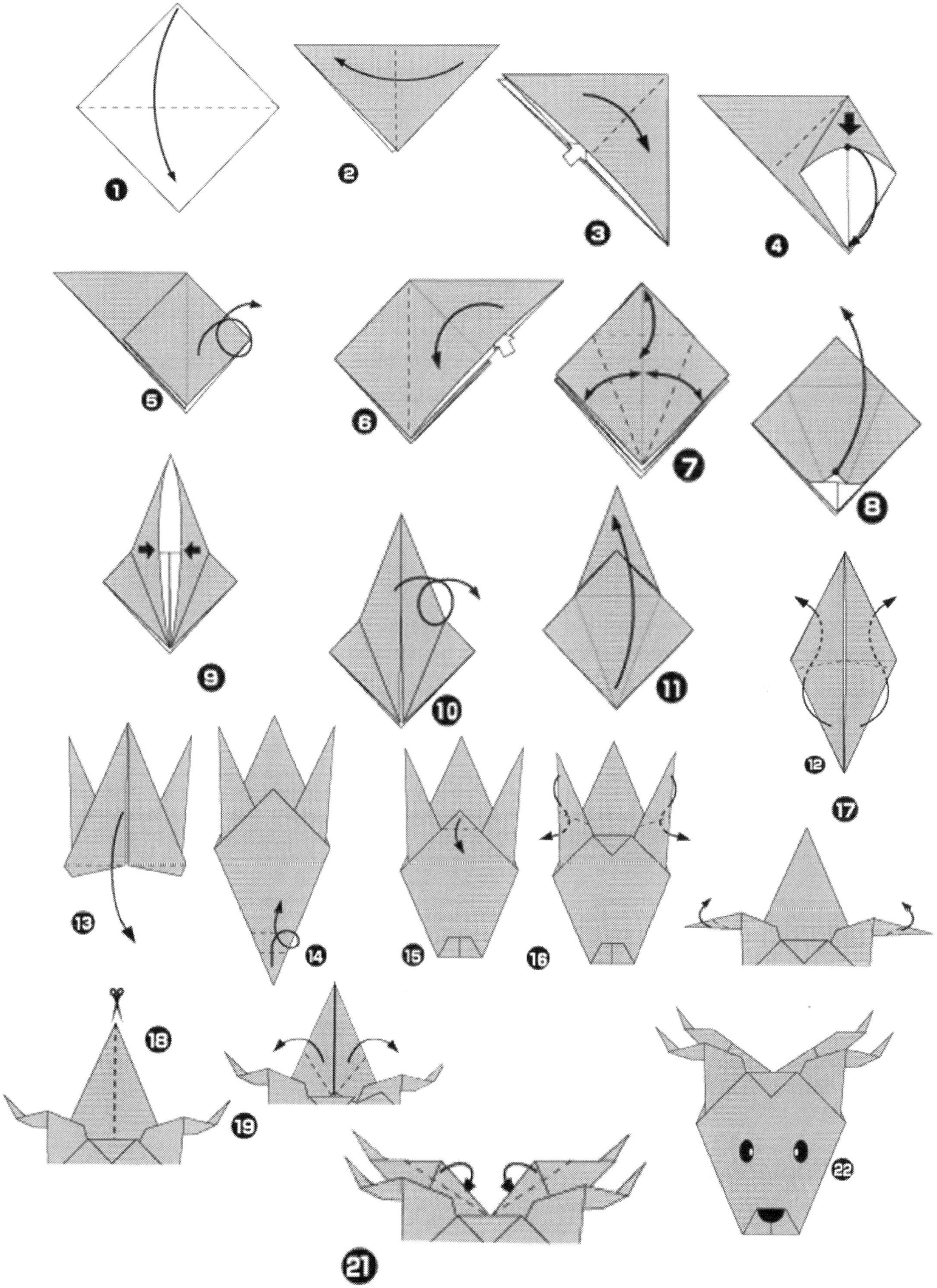
1
2
3
4
5
6
7
8
9
10
11
12
13
14
15
16
17
18
19
21
22

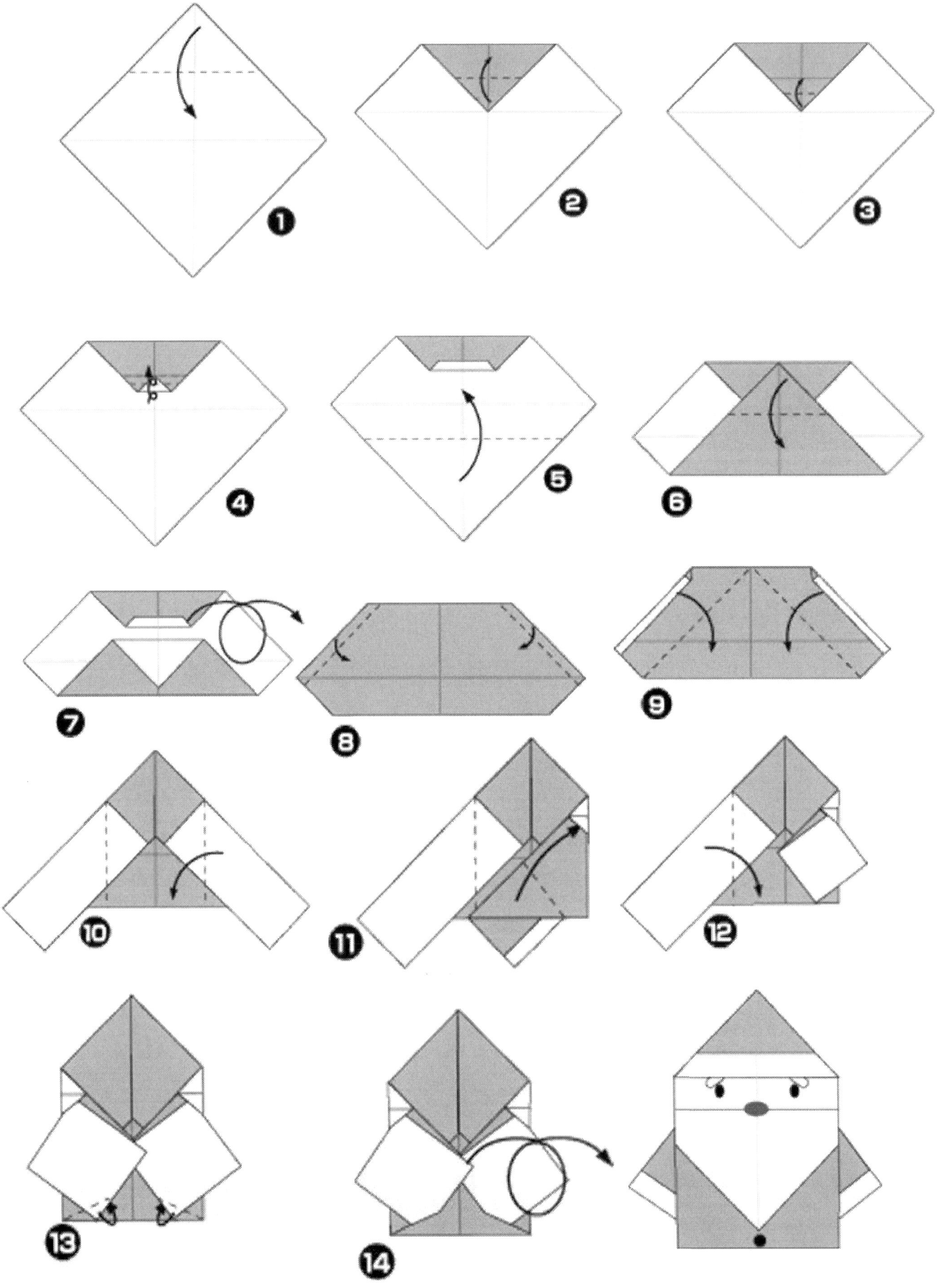
1
2
3
4
5
6
7
8
9
10
11
12
13
14

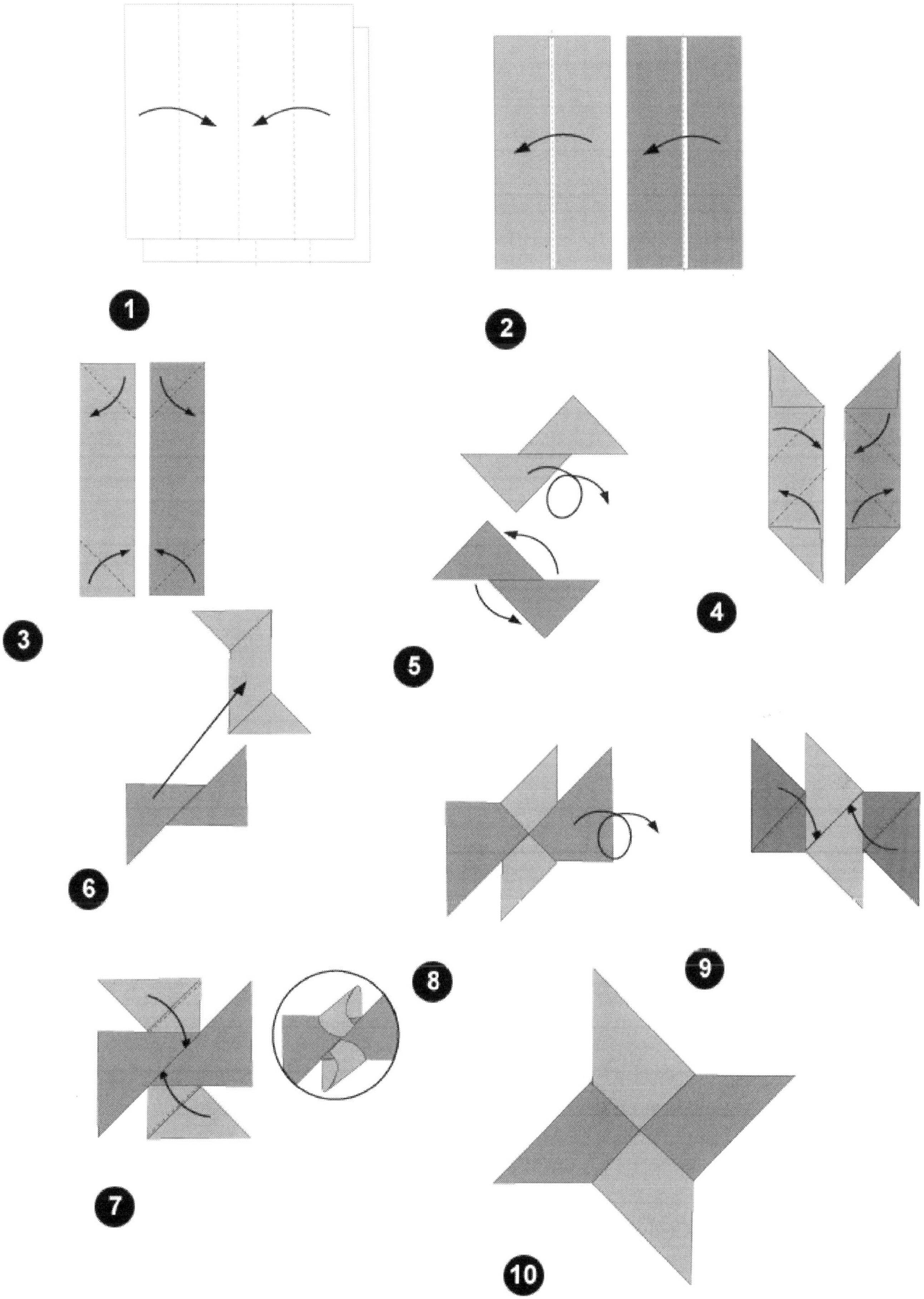

1
2
3
4
5
6
7
8
9
10

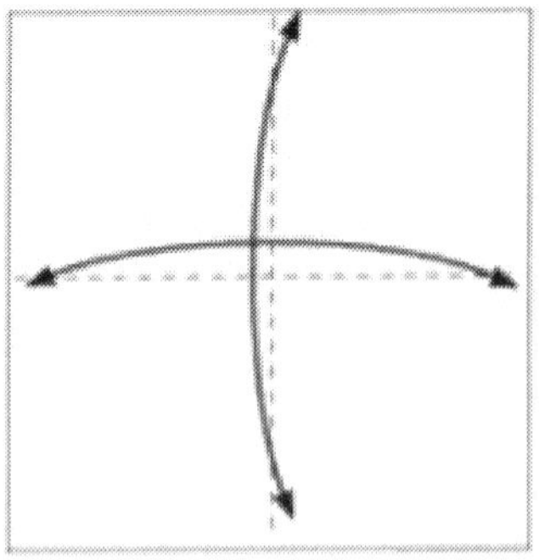

1

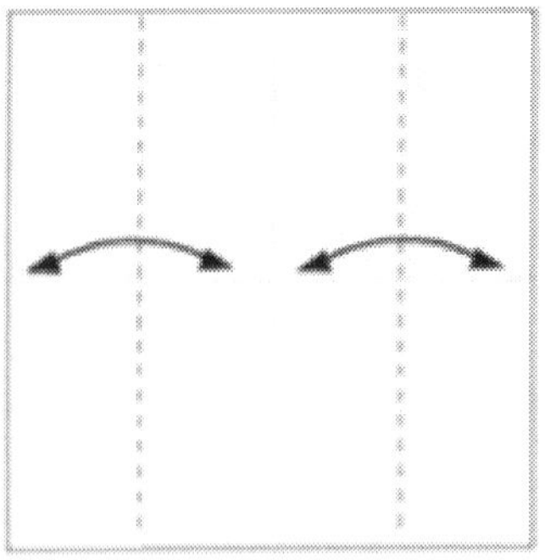

2

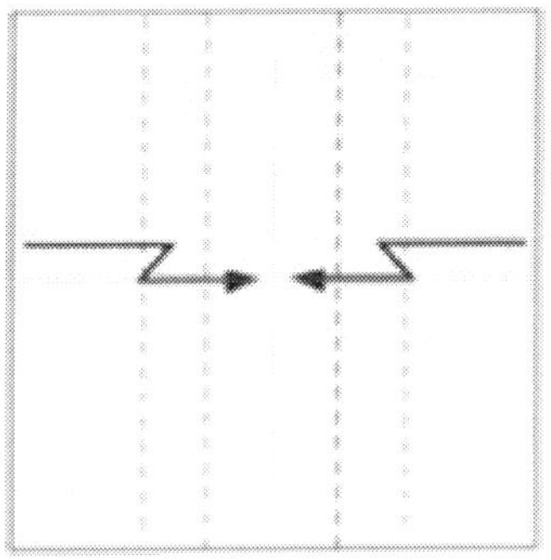

3

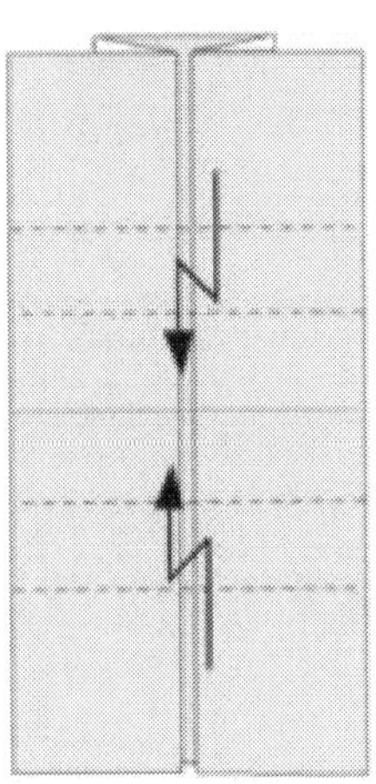

4

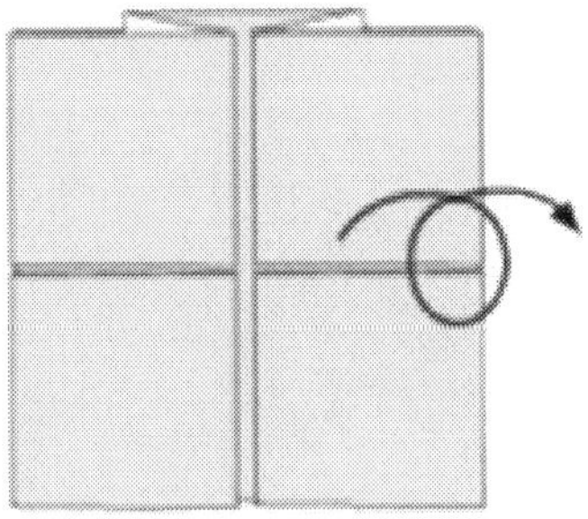

5

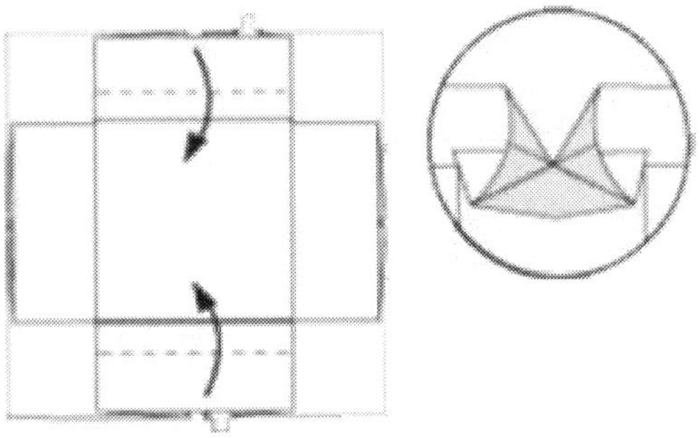

6

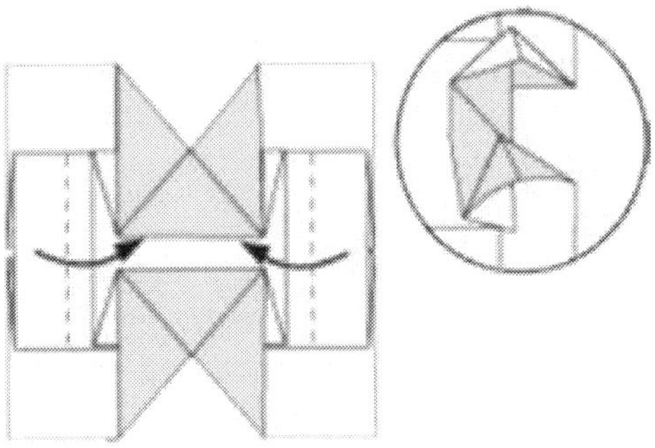

7

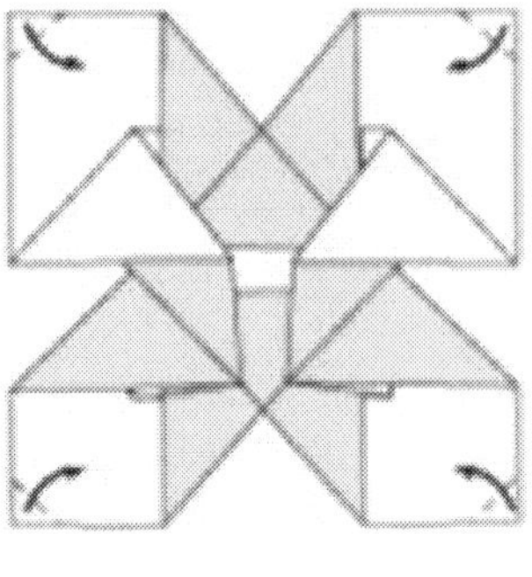

8

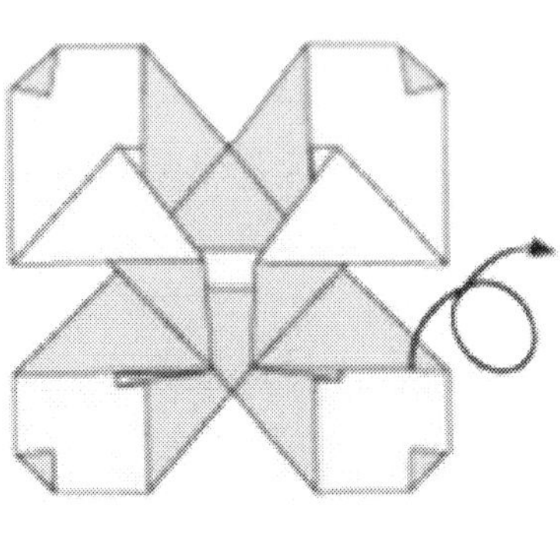

9

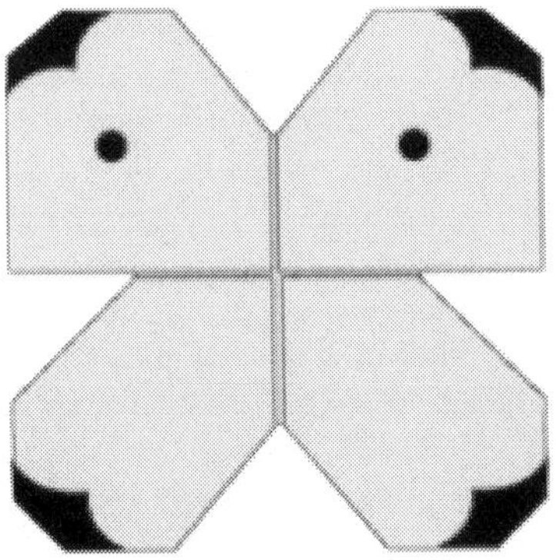

10

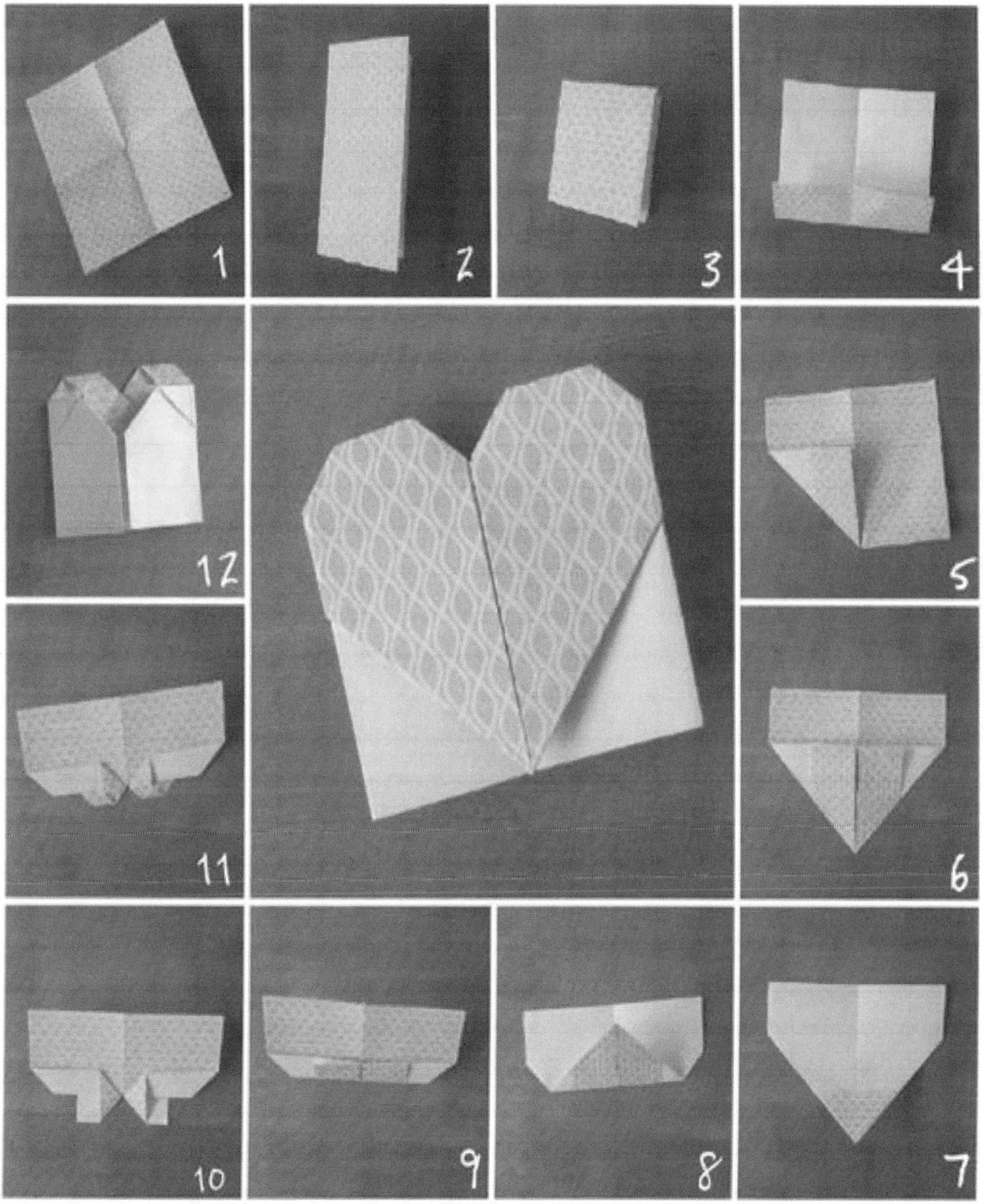
1
2
3
4
12
5
11
6
10
9
8
7

1
2
3
4
5
6

1

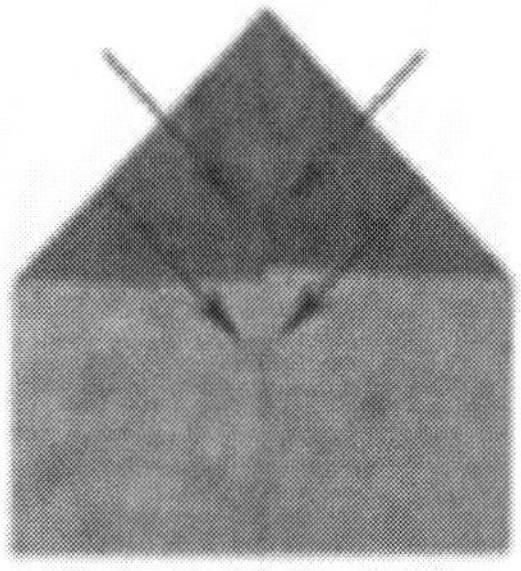

2

3

4

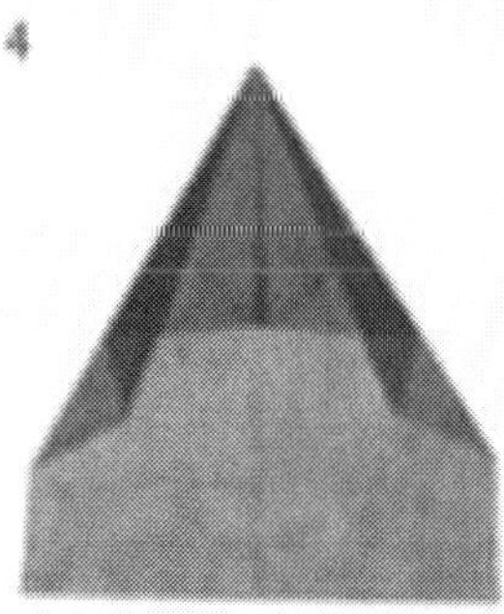

5

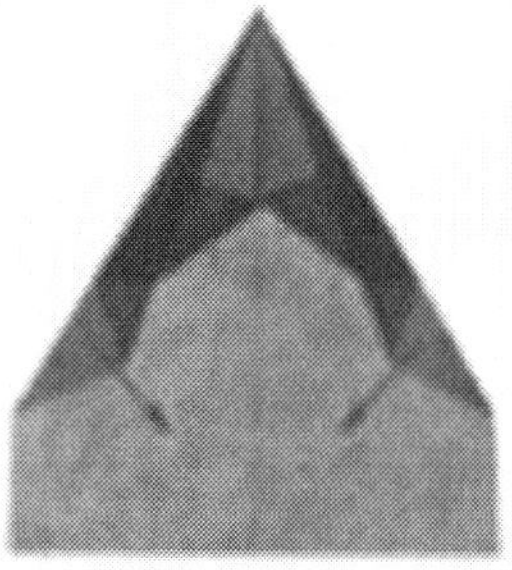

6

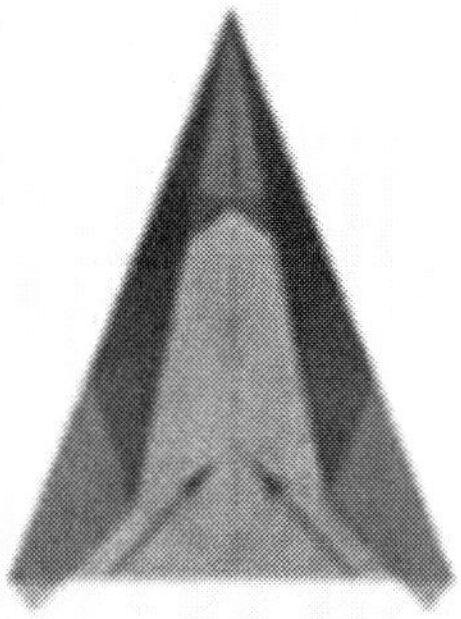

7

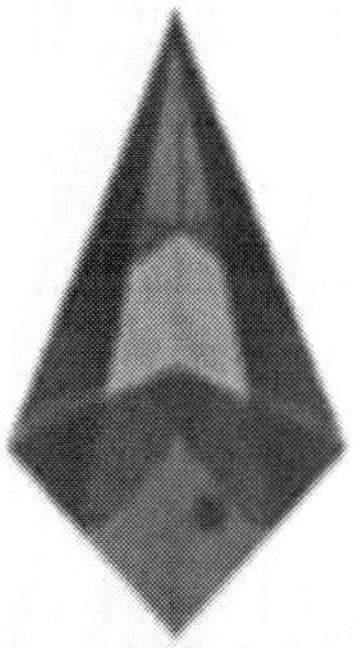

8

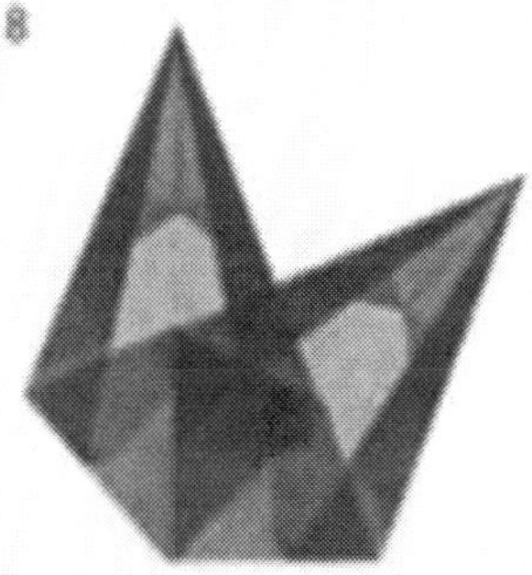

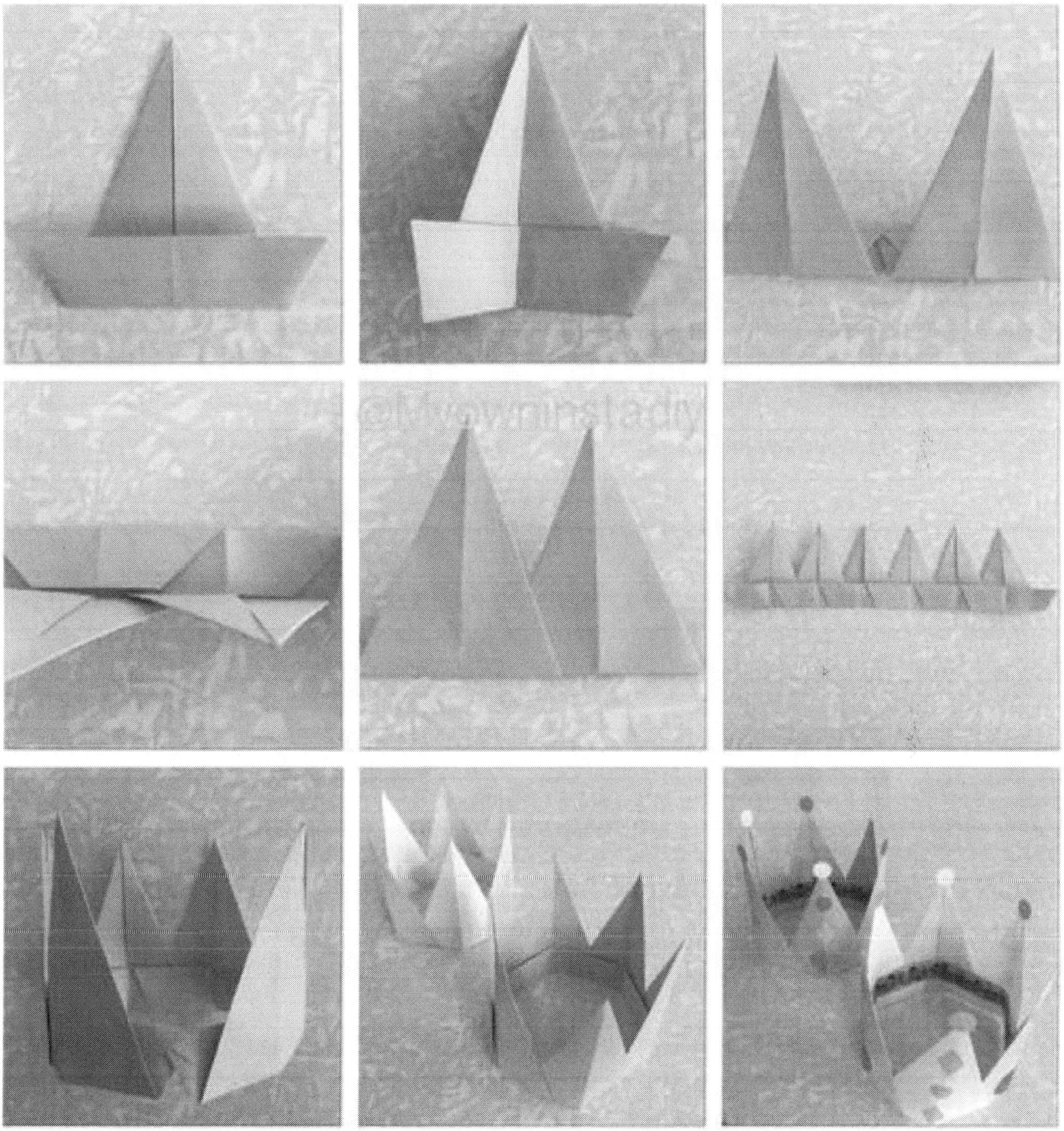

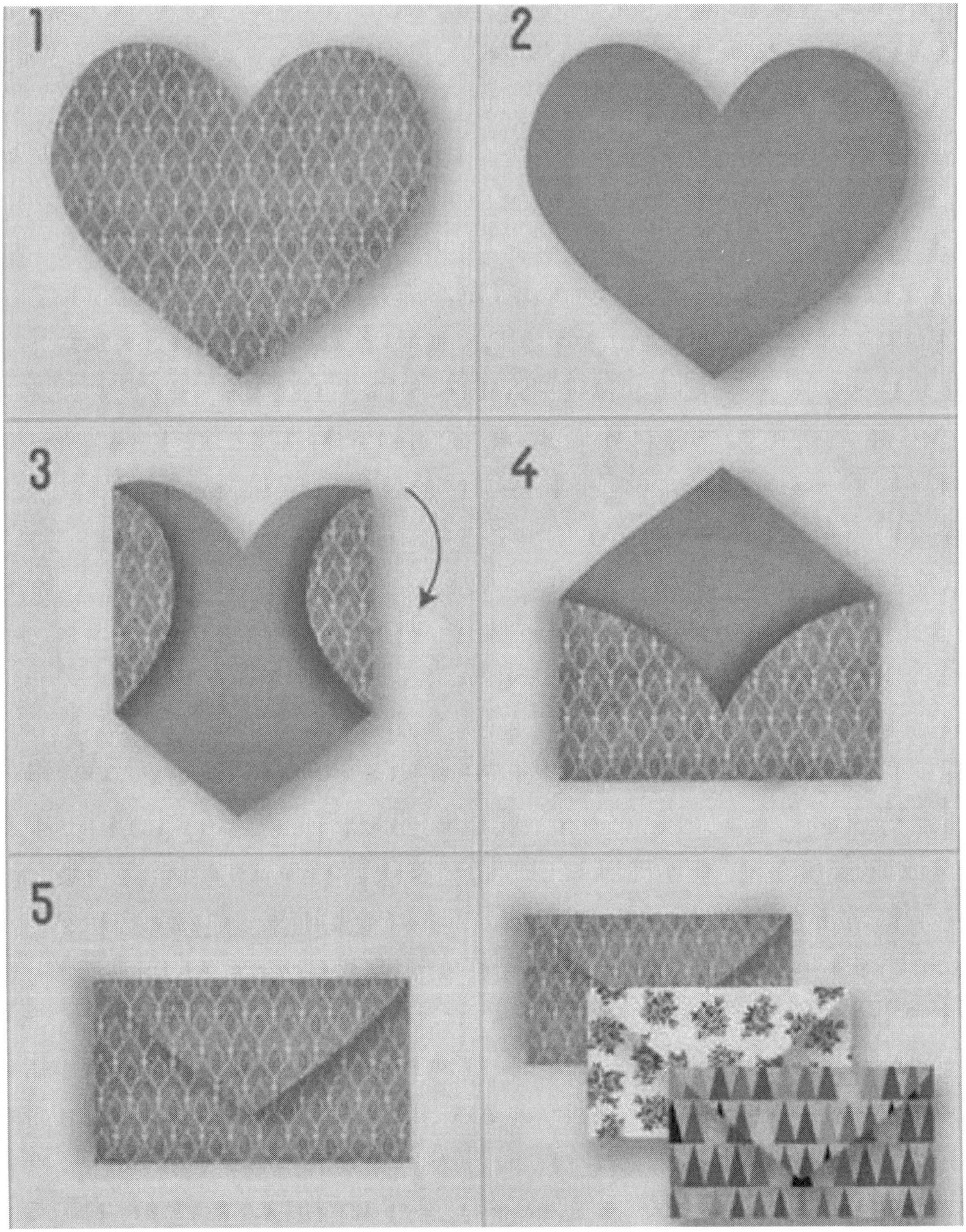
1
2
3
4
5

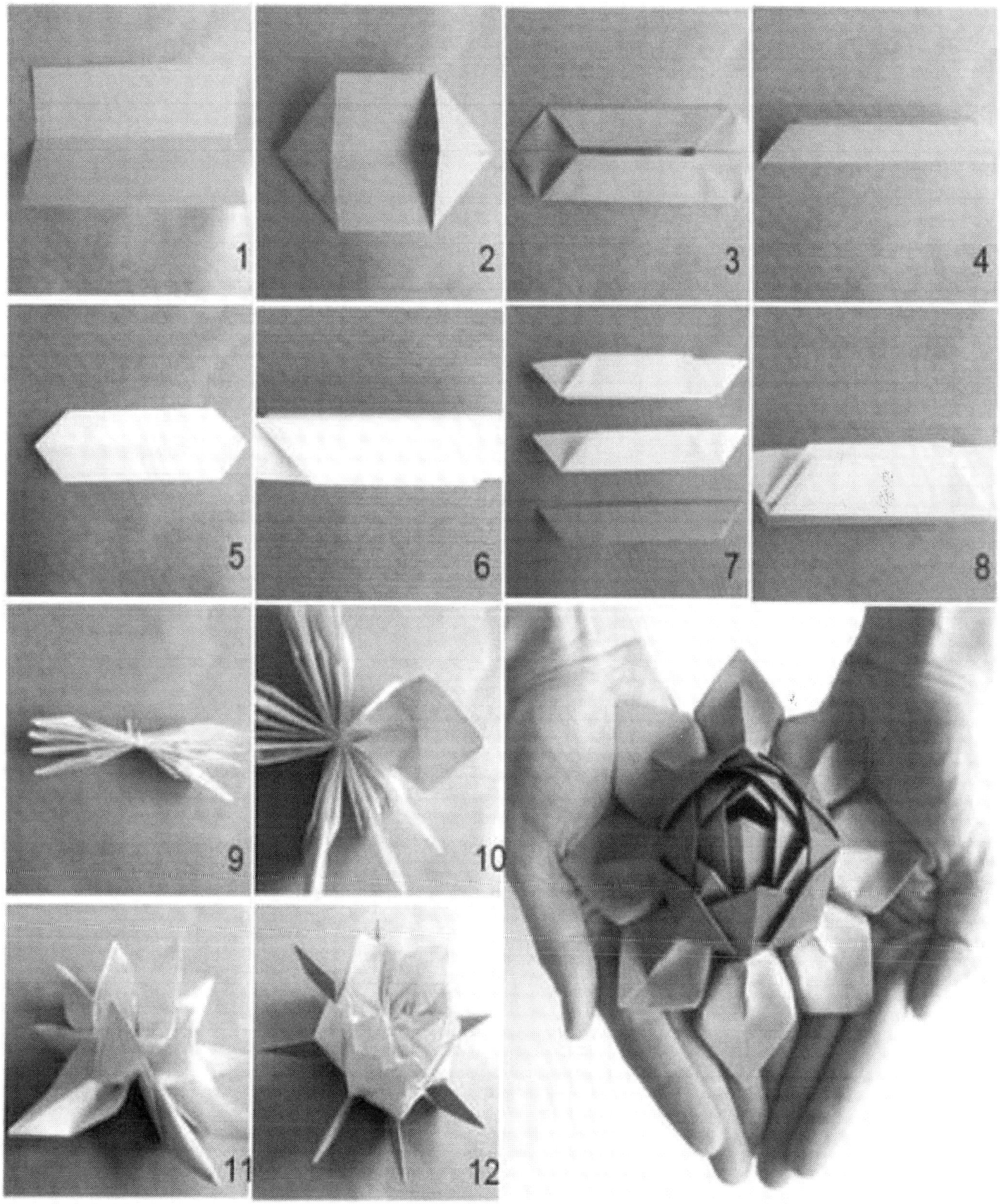
1
2
3
4
5
6
7
8
9
10
11
12

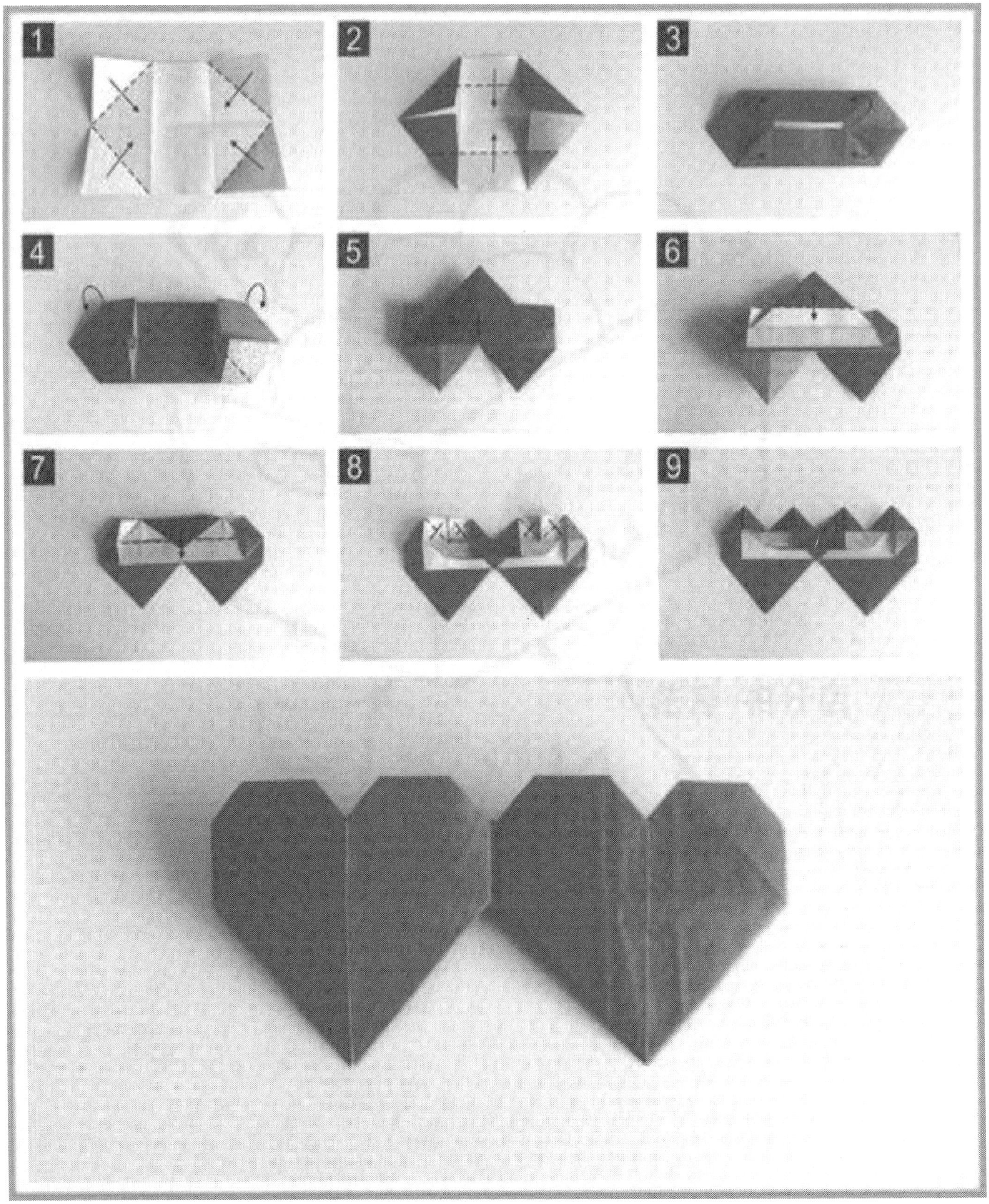
1
2
3
4
5
6
7
8
9

Printed in Great Britain
by Amazon

53495280R00070